大学
中庸
尚书

小书本 大世界

U0754916

崔钟雷 主编

吉林美术出版社 | 全国百佳图书出版单位

**图书在版编目（CIP）数据**

大学中庸尚书/崔钟雷主编 . —长春：吉林美术出版社，
2010.8（2022.1 重印）

（小书本大世界）

ISBN 978－7－5386－4555－2

Ⅰ.①大… Ⅱ.①崔… Ⅲ.①儒家②大学－青少年读物
③中庸－青少年读物④尚书－青少年读物
Ⅳ.①B2221.1－49②K221.04－49

中国版本图书馆 CIP 数据核字（2010）第 146889 号

策　　划：钟　雷

责任编辑：栾　云

## 大学中庸尚书

主　编：崔钟雷　　副主编：王丽萍　刘　超　张校华

吉林美术出版社出版发行

长春市人民大街 4646 号

吉林美术出版社图书经理部（0431－86037896）

网址：www.jlmspress.com

北京一鑫印务有限责任公司

开本 787×1092 毫米 1/16　印张　11　字数　100 千字

2010 年 8 月第 1 版　　2022 年 1 月第 4 次印刷

ISBN 978－7－5386－4555－2

定价：35.80 元

# 前　言

　　漫步书山，畅游学海，纵观几千年的中华文明，其历史源远流长，其内涵博大精深，而国学经典就像一条坚韧的纽带，将形形色色、方方面面的中华文明串联在一起，幻化出千般华彩、万种风流的圣贤智慧。

　　儒家倡导人与人之间的仁德之爱，道家追求人与天然的和谐之法，法家主张赏罚分明的管理之术，墨家宣扬"兼爱交利"的文化精神，兵家阐发"避实击虚"的处世哲学，诗词歌赋则是字里行间都流露着缥缈绵长的韵姿。"与经典同行，与圣贤为友"，这些跋涉千年的文化瑰宝，必定积淀为普遍的民族心理。

　　这套"小书本大世界"丛书虽不能尽收经典华章，却由衷地表达了我们对祖先的敬意，从编辑体例的设计到典籍内容的吸收，都经过反复斟酌，全面考证，力求完善。但是由于学养和能力的不足，可能还存在许多不尽如人意之处，在此恳请广大读者给予指点和帮助！

**目　录**

## 大　学

## 中　庸

参天尽物

# 一、"经文"章

▶原文

大学之道，在明明德，在亲民，在止于至善。知止而后有定，定而后能静，静而后能安，安而后能虑，虑而后能得。物有本末，事有终始，知所先后，则近道矣。

▶译文

大学的宗旨，在于使人们的美德得以彰显，在于使天下的人革旧更新，在于使人们达到最好的理想境界。知道所应达到的理想境界是"至善"，而后才能有明确的志向；有了明确的志向，而后才能内心安宁；内心安宁而后才能泰然安稳；泰然安稳而后才能行事思虑周详；行事思虑周详而后才能达到最好的理想境界。世上万物都有根本和末梢，天下万事都有发端和结局，能够明白它们的先后次序，那么，就能够接近事物发展的规律了。

▶原文

古之欲明明德于天下者，先治其国；欲治其国者，先齐其家；欲齐其家者，先修其身；欲修其身者，先正其心；欲正其心者，先诚其意；欲诚其意者，先致其知；致知在格物。物格而后知至，知至而后意诚，意诚而后心正，心正而后身修，身修而后家齐，家齐而后国治，国治而后天下平。自天子以至于庶人，壹是皆以修身为本。

其本乱而末治者，否矣。其所厚者薄，而其所薄者厚，未之有也。

▶译文

古时候，想要在天下弘扬光明正大品德的人，先要治理好自己的邦国；想要治理好

自己邦国的人，先要整治好自己的家庭；想要整治好自己家庭的人，先要努力提高自身的品德修养；想要提高自身品德修养的人，先要端正自己的心思；想要端正自己的心思，先要自己意念真诚；想要自己意念真诚，先要达到认识明确；而达到认识明确的方法就在于推究事物的原理。只有推究事物的原理，而后才能达到认识明确；只有达到认识明确，而后才能意念诚实；只有意念诚实，而后才能心思端正；只有心思端正，而后才能提高自身的品德修养；只有提高了自身的品德修养，而后才能整治好家庭；只有整治好家庭，而后才能治理好邦国；只有治理好邦国，而后才能使天下太平。从天子开始，一直到下面的老百姓，一律都要把培养自身的品德修养作为根本。

一个人，他自身的品德修养不好，却要做到家齐、国治、天下平，那是不可能的。正如他所尊重的人轻视他，他所轻视的人反而尊重他，这样的事情是从来不会有的。

## 二、释"明明德"章

▶原文

《康诰》曰："克明德。"《大甲》（即《太甲》）曰："顾諟（shì）此，天之明命。"《帝典》曰："克明峻德。"皆自明也。

▶译文

《康诰》里说："能够有崇尚光明的德行。"《太甲》里说："经常思念上天赋予的阐明美德的使命。"《帝典》里也说："能够使伟大崇高的德行显明。"这些书上说的都是要使自己的美德得以发扬的意思。

## 三、释"新民"章

▶原文

汤之《盘铭》曰："苟日新，日日新，又日新。"《康诰》曰："作新民。"《诗》曰："周虽旧邦，其命维新。"是故君子无所不用其极。

▶译文

商汤在沐浴用的盆上镂刻警辞说："如果能在一天内洗净自己身上的污垢，焕然一新，那么就应当天天清洗，弃旧图新。日复一日，精进不已。"《康诰》里说："求学者应自觉改造，不断自新。"《诗经》里说："周朝立国虽然很多年了，但由于文王能日新其德，所以他能接受上天赋予的更新天下的使命，使周朝显得年轻而充满活力。"因此，那些执政者在新民方面，总是时时处处用尽心力，追求达到完美的最高境界。

## 四、释"止于至善"章

▶原文

《诗》云："邦畿千里，惟民所止。"

《诗》云："缗（mín）蛮黄鸟，止于丘隅。"子曰："于止，知其所止，可以人而不如鸟乎?"

《诗》云："穆穆文王，於缉熙敬止。"为人君，止于仁；为人臣，止于敬；为人子，止于孝；为人父，止于慈；与国人交，止于信。

《诗》云："瞻彼淇澳，菉 (lǜ，青绿色) 竹猗猗。有斐君子，如切如磋，如琢如磨。瑟兮僴兮，赫兮喧兮。有斐君子，终不可谊兮!"如切如磋者，道学也；如琢如磨者，自修也；瑟兮僴兮者，恂 (xún，诚实、恭顺) 栗也；赫兮喧兮者，威仪也；有斐君子，终不可谊兮者，道盛德至善，民之不能忘也。

《诗》云："於戏! 前王不忘。"君子贤其贤而亲其亲，小人乐其乐而利其利，此以没世不忘也。

▶译文

《诗经》里讲："京都幅员广阔、方圆千里，许多百姓都愿在那里居住。"

《诗经》里讲："小小的黄鸟还知道找个丘隅作为落脚之地呢。"孔子读了这句诗感慨地说："唉，黄鸟起居时，都知道它所应当栖息的地方，难道人反而不如一只小鸟吗?"

《诗经》里讲："仪表堂堂、端庄谦逊的周文王，他光明的美德使人们无不崇敬。"作为国君，要做到仁政；作为属臣，要做到恭敬；作为儿女，要做到孝顺；作为父亲，要做到慈爱；与国人交往，要做到坚守信义。

《诗经》里讲："望那淇水岸边弯曲的地方，青绿色的竹子茂盛润泽。有一位富有文采的君子，他治学就像切磋骨器那样严谨、一丝不苟；他修身就像琢磨玉器那样精细、孜孜以求。他的仪表庄重威严，他的品德光明显扬。这位富有文采的君子，叫人民终身不能忘怀啊!"诗中"如切如磋"，是讲精心求学；"如琢如磨"，是讲修养德行；"瑟兮僴兮"，是讲内心谨慎；"赫兮喧兮"，是讲仪表威严；"有斐君子，终不可谖兮"，是讲他具有君子的美好品德，德行达到完善的境界，老百姓当然都不会忘记他了。

《诗经》里讲："唉，前代贤王的品德永不被人遗忘。"那是因为后世的君王崇敬品德高尚的前代贤王，热爱创立基业的先人，平民也享受到遗留下来的安乐，获得了所遗留下来的利益。因此，这就是前代贤王永垂千秋而不被人们遗忘的道理。

## 五、释"本末"章

▶原文

子曰："听讼，吾犹人也，必也使无讼乎！"无情者不得尽其辞。大畏民志，此谓知本。

孔子说："审理诉讼（打官司），我与其他人一样，能做到将案情断得是非分明。但我和其他人不同的是，必须使诉讼这类事件根本不发生，达到绝迹才好。"从孔子讲的这段话里，我们可以领悟到：圣人能使那些心中奸诈不实之徒不敢随便说尽他们那狡辩的厥词，并且引导他们做好自身修养，从而使民众敬服美德，没有诉讼打官司的。这就叫作认识根本的道理。

## 六、释"格物致知"章

►原文

此谓知本。此谓知之至也。

►译文

这就叫作认识根本的道理。这就叫作认识的彻底，即是进入"知"的最高境界。

## 七、释"诚意"章

►原文

所谓诚其意者，毋自欺也。如恶恶臭，如好好色，此之谓自谦。故君子必慎其独也。

小人闲居为不善，无所不至。见君子而后厌然，掩（yǎn，遮盖、掩蔽）其不善而著其善。人之视己，如见其肺肝然，则何益矣。此谓诚于中，形于外。故君子必慎其独也。

曾子曰："十目所视，十手所指，其严乎？"

富润屋，德润身，心广体胖，故君子必诚其意。

▶译文

　　所谓使自己的意念诚实，就是说不要自己欺骗自己。就如同厌恶污秽的气味那样厌恶邪恶，就如同喜欢美丽的女子那样喜欢善良。只有这样，才能说自己的意念诚实，心安理得。所以道德修养高尚的人必须谨慎地对待独处的时候，使自己规行矩步。

　　那些没有道德修养的人，在闲居独处的时候，无论什么坏事都做得出来。当他们见到那些有道德修养的人，却又躲躲藏藏企图掩盖他们所做的坏事，而装出一副似乎做过好事的样子，设法显示自己的美德。其实别人的眼睛是雪亮的，早看透了这些坏人坏事，就像是见到他们的五脏六腑一样，那么这种隐恶扬善的做法，又有什么用处呢？这就是说，人心里有什么样的实际德行，外表就必然会有什么样的言行表现。所以有道德修养的人必须谨慎地对待独处的时候，即使独处之时，也要使自己规行矩步。

　　曾参说："一个人若是被许多双眼睛注视着，被许多只手指点着，这难道不严峻可怕吗？"

　　财富可以将房屋装饰得美观有气派，品德却可以修身养性，使心胸宽广开朗，身体安适舒坦，所以有道德修养的人一定要使自己的意念真诚。

## 八、释"正心修身"章

▶原文

　　所谓修身在正其心者：身有所忿懥（zhì，愤怒）则不得其正；有所恐惧，则不得其正；有所好乐，则不得其正；有所忧患，则不得其正。

　　心不在焉，视而不见，听而不闻，食而不知其味。此谓修身在正其心。

之所以说提高自身的品德修养要先端正自己的思想。原因是心有愤怒就不能端正；心有恐惧就不能端正；心有逸乐就不能端正；心有忧患就不能端正。

心思没有端正、思想不集中，看到了却像没有看见一样，听到了却像没有听见一样，吃了东西却不知道食物的味道，以上都是由于思想不端正而造成的。这就是说，如果要提高自身的品德修养，关键在于先端正自己的思想。

## 九、释"修身齐家"章

▶原文

所谓齐其家在修其身者：人之其所亲爱而辟焉，之其所贱恶而辟焉，之其所畏敬而辟焉，之其所哀矜而辟焉，之其所敖惰而辟焉。故好而知其恶，恶而知其美者，天下鲜矣！

故谚有之曰："人莫知其子之恶，莫知其苗之硕。"

此谓身不修，不可以齐其家。

▶译文

之所以说要治理好家庭和家族要先修养自身之品德，是因为人们对于自己所亲近相爱的人往往多有偏爱，对于自己所鄙视厌恶的人往往多存偏见，对于自己所敬畏的人往往多有偏颇，对于自己哀悯同情的人往往多有偏私，对于自己认为是骄傲懒惰的人往往多持偏见。因此，喜爱某人的同时，却又能认识他的不足；厌恶某人的同时，却又能了解他的长处，能做到这样的人天下少有啊！

所以有句谚语这么讲："溺爱自己子女的人认识不到他的孩子的缺

点、错误，贪得无厌的人不会满足于他那长势十分苗壮的禾苗。"

这就是不修养好自身就不能管理好家庭和家族的道理。

# 十、释"齐家治国"章

▶原文

所谓治国必先齐其家者，其家不可教而能教人者，无之。故君子不出家而成教于国。孝者，所以事君也；弟者，所以事长也；慈者，所以使众也。

《康诰》曰："如保赤子。"心诚求之，虽不中不远矣。未有学养子而后嫁者也。

一家仁，一国兴仁；一家让，一国兴让；一人贪戾，一国作乱：其机如此。此谓一言偾（fèn，毁坏，败坏）事，一人定国。

尧、舜率天下以仁，而民从之；桀、纣帅天下以暴，而民从之；其所令反其所好，而民不从。是故君子有诸己而后求诸人，无诸己而后非诸人。所藏乎身不恕，而能喻诸人者，未之有也。

故治国在齐其家。

▶译文

之所以说要治理好国家必须先治理好家庭和家族，是因为治理不好本家族，却能治理好本邦国的人，是从来不会有的。所以有道德修养的君子，他就是不离开自己的家族，也能够收到治理邦国、教化人们的效果。因为在家孝顺父母的道德，就是侍奉国君的道德；在家尊敬兄长的道德，就是服侍长官的道德，在家对子女慈爱的道德，也就是父母官对平民百姓慈爱的道德。

古书《康诰》里说："保护平民百姓就要像保护初生的婴儿一样。"

这就是要求实心实意去努力保护，虽然不能完全符合，但也不会相差太远。生活中谁也没有见过先学会养育孩子，然后再出嫁的女人。

一个家族仁爱相亲，整个邦国都会兴起仁爱之风；一个家族实行谦让，整个邦国都会兴起谦让之风；一个君王如果贪婪暴虐，整个邦国就会群起作乱。两者之间的密切关系就是这样重要。这就叫作：一句话能败坏整个事情，一个人能安定整个国家。

尧、舜用仁政来统率天下，于是民众就跟着实行仁爱；桀、纣用暴政来统治天下，于是民众就跟着凶暴。号令民众实行仁爱而自己嗜好凶暴，民众是不会服从的。因此，有道德修养的君子，应该先要求自己，然后才能要求别人。应该先去掉自身的恶习，而后才能去批评别人，使之弃恶从善。不能采取推己及人的恕道而想让别人服从自己，那怎么可能呢？

所以说要治理好邦国，首先要治理好家庭和家族。

▶原文

《诗》云："桃之夭夭，其叶蓁蓁（zhēn zhēn，草木茂盛的样子）。之子于归，宜其家人。"宜其家人，而后可以教国人。

《诗》云："宜兄宜弟。"宜兄宜弟，而后可以教国人。

《诗》云："其仪不忒，正是四国。"其为父子兄弟足法，而后民法之也。

**此谓治国在齐其家。**

▶译文

《诗经》写道："桃花妖娆如含笑，满枝叶儿碧又青，这个姑娘出嫁了，合家老小喜盈盈。"只有先使一个家族之人和睦相亲，而后才能教化广大的国民。

《诗经》写道："家族之中感情融洽，兄弟之间团结友爱。"只有先使一个家族兄弟和睦相处，互相友爱，而后才能教化广大的国民。

《诗经》写道："国君的礼仪没有错误，才能成为四方各国的表率。"国君要使自己家族中的人：做父亲的讲慈爱，做子女的讲孝顺，做兄长的讲友爱，做弟妹的讲恭敬。只有使他们的言行足以符合道德准则，然后整个国家的四方百姓才会效法。

这些都说明了国君要治理好邦国，首先要治理好家庭和家族的道理。

## 十一、释"治国平天下"章

▶原文

所谓平天下在治其国者：上老老，而民兴孝，上长长，而民兴弟，上恤孤而民不倍。是以君子有絜（xié，衡量）矩之道也。

所恶于上，毋以使下；所恶（wù，讨厌，憎恨）于下，毋以事上；所恶于前，毋以先后；所恶于后，毋以从前；所恶于右，毋以交于左；所恶于左，毋以交于右；此之谓絜矩之道。

《诗》云："乐只君子，民之父母。"民之所好好之，民之所恶恶之。此之谓民之父母。

《诗》云："节彼南山，维石岩岩。赫赫师尹，民具尔瞻。"有国者不可以不慎，辟则为天下僇（lù，通"戮"，杀戮）矣。

《诗》云："殷之未丧师，克配上帝。仪监于殷，峻命不易。"道得众则得国，失众则失国。

是故君子先慎乎德。有德此有人，有人此有土，有土此有财，有财此有用。

德者本也，财者末也。

外本内末，争民施夺。

是故财聚则民散，财散则民聚。

是故言悖而出者，亦悖而入；货悖而入者，亦悖而出。

《康诰》曰："惟命不于常。"道善则得之，不善则失之矣。

《楚书》曰："楚国无以为宝，惟善以为宝。"

舅犯曰："亡人无以为宝，仁亲以为宝。"

▶译文

之所以说要使天下太平要治理好国家，是因为国君尊敬老人，便会

参天尽物

使孝敬之风在全国平民百姓中兴起；国君尊敬长辈，便会使尊长之风在全国平民百姓中兴起；国君怜爱救济孤儿，全国的百姓便会照样去做。所以，国君应当做到推己及人，在道德上起到示范的作用。

我厌恶上边的人以无礼待我，我就不应无礼地对待我下边的人；我厌恶下面的人以不忠待我，我就不应以不忠来侍奉我上面的人；我厌恶前面的人以不善待我，我就不应把不善加在我后面的人身上；我厌恶后面的人以不仁待我，我就不应以不仁施于我前面的人；我厌恶右边的人以不义待我，我就不应以不义施于我左边的人；我厌恶左边的人对我不诚，我就不应以不诚对待我右边的人。这就是所讲的道德的示范作用。

《诗经》里说："有君子为民父母，令人快乐。"国君应当喜爱平民百姓所喜爱的东西，应当憎恶平民百姓所憎恶的东西。这就是所谓的天下平民百姓的父母。

《诗经》里说："雄伟巍峨的终南山，山崖险峻不可攀。权势显赫的尹太师，百姓的目光都注视着你。"掌握着国家大权的人不可以不慎重。如妄为出了差错，那么就会为天下百姓所不容！

《诗经》里说："殷代尚未丧失民心的时候，还能够与上天的旨意相符合的。应当以殷商的兴亡为戒鉴，认识到守住天命、永保国家并非易事。"这就是说：统治者能在道德上起示范作用，就会得到民众的拥护，也就会享有国家；否则，就会失去民众的拥护，也就会失去国家。

因此，国君首先要慎重地修养美德。有了美德，就会拥有民众；有了民众，就会拥有土地；有了土地，就会获得财富；有了财富，国家就有可使用的资财。

美德是树的根本，财富是树的枝末。

如果国君在表面上讲道德，而实际内心却重财富，那么民众就会相互争利，抢夺财富之事就会发生。

所以，财富聚集在君王手里，平民百姓就会离散；财富散落在民间，民众就会归附在君王的周围。

因此，君王每一个违背公理的政令公布出去，必将遭到平民违背公理的抵抗；财富不依据道理肆意搜刮而来，最终也会被别人用违背道理的手段掠夺而去。

《康诰》里说："只有天命的去存是没有一定的常规的。"这就是说行善积德就会获得天命，不行善积德就会失掉天命。

《楚书》里说："楚国没有什么可以被当作宝贝，只是把'善'当作宝贝。"

重耳的舅舅子犯教晋文公这样说："流亡在外的人没有什么可以当作宝贝，只有把'仁爱亲族'当作宝贝。"

▶ 原文

《秦誓》曰："若有一个臣，断断兮无他技。其心休休焉，其如有容焉。人之有技，若己有之；人之彦圣，其心好之，不啻（chì，但）若自其口出。寔（shí，同"实"，实在）能容之，以能保我子孙，黎民尚亦有利哉！人之有技，媢（mào，妒忌）嫉以恶之；人之彦圣，而违之俾不通：寔不能容，以不能保我子孙黎民，亦曰殆哉！"

▶ 译文

《秦誓》里说："如果有这样的一位臣子，忠实诚恳而没有其他本领，但他品德高尚，心胸宽广，能够包容他人。别人有本领，就好像他自己有本领一样；别人具有美德、本领高强，他不只是口中经常称赞，而且发自内心地喜欢。这种心胸宽广的人如果加以重用的话，那是完全可以保全我的子孙后代和臣民的幸福的，也是完全可以为我的子孙后代和臣民谋利益的。反之，别人有本领，便嫉妒、厌恶别人；别人具有美德，便故意压制，使得别人的美德不能被国君所了解。这种心胸狭窄的人如果加以重用，那是不能够保全我子孙后代和臣民的幸福的，这种人对国家来说也实在是太危险了。"

▶原文

唯仁人放流之，迸诸四夷，不与同中国。此谓唯仁人为能爱人，能恶人。

见贤而不能举，举而不能先，命也；见不善而不能退，退而不能远，过也。

好人之所恶，恶人之所好，是谓拂人之性，灾必逮夫身。

是故君子有大道，必忠信以得之，骄泰以失之。

▶译文

只有那有仁德的国君，才会把这种嫉贤妒能的人加以流放，驱逐到

四夷居住的边远地方，不许他与贤能的人同住在中原大地。这就是说，只有具有仁德的人，才懂得该喜爱什么样的人，该厌恶什么样的人。

发现了贤才却不能推荐他，或者虽然推荐了却不能尽早地重用他，这是以怠慢的态度对待贤才。发现了不贤的人却不能辞退他，或者即便辞退了，但不能把他放逐到边远的地方去，这是政治上的过错。

喜爱人们所憎恶的东西，憎恶人们所喜爱的事情，这就是说违背了人的本性，灾祸就一定会降临到自己的身上。

所以，做国君有正确的途径：忠诚仁义，就会获得一切；反之，骄傲放纵，那就会失掉一切。

▶原文

生财有大道。生之者众，食之者寡，为之者疾，用之者舒，则财恒足矣。

仁者以财发身，不仁者以身发财。

未有上好仁而下不好义者也；未有好义其事不终者也；未有府库财非其财者也。

▶译文

创造财富有条重要的原则，这就是要使生产财富的人数增多，消耗财富的人数减少；管理财富的人勤快，使用财富的人节俭。这么做，国家的财富才能保持长久的充足。

具有仁心的人们散发财富来成就好名声，没有仁德的人们却用生命去聚敛财富。

没有听说过君王好仁乐义，而下面的臣民不喜欢仁义的道理；没有听说过下面的臣民爱好仁义，而不能帮助君王完成其事业的道理；没有听说过国家府库里存有财富，而财富不属于国家君王所有的道理。

▶原文

孟献子曰："畜马乘（shèng），不察于鸡豚；伐冰之家不畜牛羊；百乘之家，不畜聚敛之臣，与其有聚

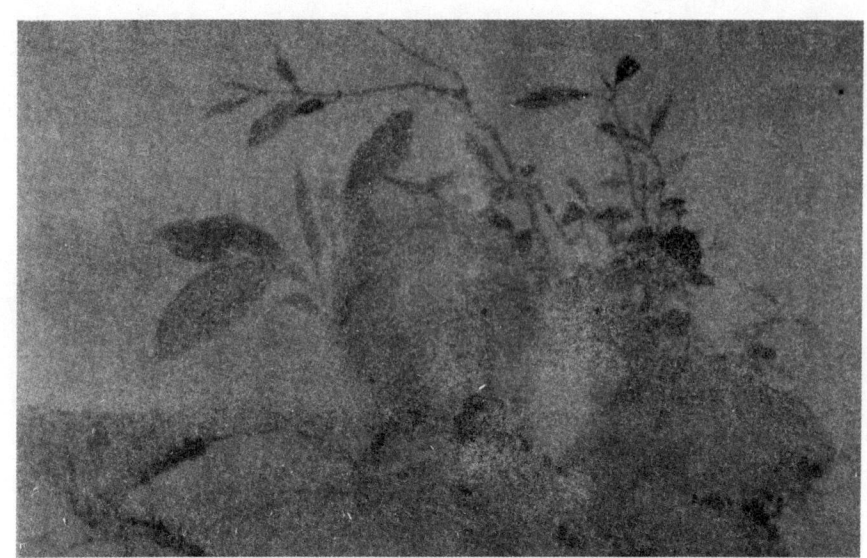

敛之臣，宁有盗臣。"此谓国不以利为利，以义为利也。

长（zhǎng，指国家的君王）国家而务财用者，必自小人矣。彼为善之，小人之使为国家，灾害并至。虽有善者，亦无如之何矣！此谓国不以利为利，以义为利也。

▶译文

　　孟献子说："士初为大夫，就不应该再去计较那些养鸡养猪之类的琐事；能够享用凿冰丧祭的卿大夫，就不应该再饲养牛羊；能够拥有百辆兵车的卿大夫，就不应该收养那些只顾聚敛民财的家臣，与其有这种聚敛民财的家臣，还不如有那种盗窃府库财物的臣子。"这就是说治理国家不能以捞取财富为利益，而应该以倡导仁义为利益。

　　治理国家的君王专门致力于财富的聚敛，这一定是出自小人的主意，而君王还以为小人是心存善良的人，如果国君任用奸臣小人处理国家事务，那么天灾人祸就一定会同时到来。到那时，虽然有贤人良才出来收拾残局，也是无可奈何，挽救不了的。这说明治理国家不应以追逐财富为利益，而应以崇尚仁义为利益。

# 第一章　纲领

▶原文

天命之谓性，率性之谓道，修道之谓教。

道也者，不可须臾离也，可离非道也。是故君子戒慎乎其所不睹，恐惧乎其所不闻。莫见乎隐，莫显乎微，故君子慎其独也。

喜怒哀乐之未发，谓之中；发而皆中（zhàng，符合）节，谓之和。中也者，天下之大本也；和也者，天下之达道也。致中和，天地位焉，万物育焉。

▶译文

天所赋予人的自然禀赋叫作"性"，遵从本性自身发展的原则而行动就是"道"，按照道的规律而修养就是"教"。

"道"是片刻也不可以离开的，如果能离开，那就不是"道"了。因此，有德行的人就是在别人眼睛看不到的地方，也一样谨慎检点；就是在别人耳朵听不到的地方，也一样怀着戒惧心理而加以注意。没有比处在幽暗之中更为显著的，没有比置于细微之处更为显明的。所以，君子在一个人独处的时候要十分谨慎。

人们喜怒哀乐的感情没有表露出来的时候（这时人的内心处于虚静淡然、不偏不倚的境界）称为"中"。表露出来以后，符合自然常理、社会法度（做到这一点，情感中正和谐）称为"和"。"中"是天下人的最大的根本；"和"是天下人共同遵守的普遍原则。达到了"中和"的境地，天地便各在其位而运行不息，万物便各得其所而生长发育了。

## 第二章　知人

▶原文

仲尼曰："君子中庸，小人反中庸。君子之中庸也，君子而时中。小人之反中庸也，小人而无忌惮也。"

▶译文

孔子说："君子的言行做到符合中庸的道德标准，小人的言行违背了中庸的道德标准。君子之所以能够达到中庸的标准，是因为君子的言行时时处处符合中庸之道；小人之所以违背中庸的标准，是因为小人所作所为肆无忌惮。"

## 第三章　正心

▶原文

子曰："中庸其至矣乎！民鲜能久矣。"

▶译文

孔子说："中庸可以说是最高的道德标准了，可却很少有人能长久

参天尽物

地实行它了。"

## 第四章　正心

▶原文

　　子曰："道之不行也，我知之矣：知者过之，愚者不及也。道之不明也，我知之矣：贤者过之，不肖者不及也。人莫不饮食也，鲜能知味也。"

▶译文

　　孔子说："中庸的道理不能实行于世，我知道原因了：聪明的人自以为是，认识过了头；愚笨的人智力不及，不能理解。中庸的道理不能显明于世，我知道原因了：贤能的人常常超过规范，不贤的人常常达不到规范。这正像人们没有谁不吃不喝，但很少有人能品尝其中的滋味一样。"

## 第五章　修身

▶原文

　　子曰："道其不行矣夫！"

▶译文

　　孔子说："中庸的道理恐怕不能在世上实行了啊！"

## 第六章　审问

▶原文

　　子曰："舜其大知也与！舜好问而好察迩言，隐恶

而扬善，执其两端，
用其中于民，其斯
以为舜乎！"

▶译文

孔子说："舜帝真可算得上是一个极其智慧的人！他喜欢向别人求教，而且善于对那些浅近的话进行仔细审察。听到不合理的恶言便包容起来，听到合理的善言便加以表扬，他能把握事物的两个极端，而用中庸之道引导民众。这就是虞舜之所以能成为舜帝的原因啊！"

## 第七章　明道

▶原文

子曰："人皆曰'予知'，驱而纳诸罟（gǔ，捕鱼鸟的网）擭（huó，捕兽的机关）陷阱之中，而莫之知辟也。人皆曰'予知'，择乎中庸，而不能期（jī，一整月）月守也。"

▶译文

孔子说："人人都说'我是聪明的'，但是在利欲的驱使下，他们却都像禽兽那样落入捕网、木笼和陷阱之中，连躲避都不知道了。人人都说'我是聪明的'，但是选择了中庸之道，却连一个月的时间也不能坚持下去。"

## 第八章　正心

▶原文

子曰:"回之为人也,择乎中庸。得一善,则拳
拳(quán quán,忠实地奉行)服膺而弗失之矣。"

▶译文

孔子说:"颜回是这样处世为人的,他选定了中庸之道,如果领悟
到中庸的一条道理,就牢牢地记在心中,而且以后一刻也不忘掉它。"

## 第九章　正心

▶原文

子曰:"天下国家可均也,爵禄可辞也,白刃可
蹈也,中庸不可能也。"

▶译文

孔子说:"天下国家是可以治理公正的,官爵俸禄是可以推辞不要
的,雪白的锋刃也是可以踩踏闯过的,但中庸之道是很难做到的。"

## 第十章　明道

▶原文

子路问强。子曰:"南方之强与?北方之强与?
抑而强与?宽柔以教,不报无道,南方之强也,君子

居之。衽（rèn，席）金革，死而不厌，北方之强也，而强者居之。故君子和而不流，强哉矫！中立而不倚，强哉矫！国有道，不变塞焉，强哉矫！国无道，至死不变，强哉矫！"

▶译文

　　子路问孔子："怎样才算是强呢？"孔子回答说："你问的是南方的强呢，还是北方的强呢？或者还是你认为的强呢？用宽厚温和的方法去教化别人，对于蛮横无理的人也不加以报复，这是南方人的'强'，君子就属于这一类；经常枕着刀枪、穿着盔甲席地而睡，上战场毫不惧怕，拼杀而死也不后悔，这是北方人的'强'，性格强悍、勇武有力的人属于这一类。所以，君子善于在人际间协调，又决不随波逐流，那才算得是'刚强'！君子信守中庸，独立而不偏不倚，那才算得是'刚强'！国家政治清明，遇艰难也不改变志向，那才算得是'刚强'！国家混乱，社会动荡，君子到死也不改变品德和信念，那才算得是'刚强'！"

## 第十一章　正心

▶原文

　　子曰："素隐行怪，后世有述焉，吾弗为之矣。君子遵道而行，半途而废，吾弗能已矣。君子依乎中庸，循世不见知而不悔，唯圣者能之。"

▶译文

　　孔子说："世上有些人总喜爱去探索那隐僻的道理，乐意去做奇异怪诞的事情，虽然后代有人称颂他们，但是我是坚决不去做这样的事情的。有些君子遵从中庸之道行事，往往半途而废，但我是决不会中途停止的。有的君子永远遵从中庸之道行事，虽然避世隐居不被人重用，他也不后悔，这只有圣人才能做到啊！"

# 第十二章　知物

▶原文

君子之道费而隐。

夫妇之愚，可以与知焉；及其至也，虽圣人亦有所不知焉。夫妇之不肖，可以能行焉；及其至也，虽圣人亦有所不能焉。天地之大也，人犹有所憾。故君子语大，天下莫能载焉；语小，天下莫能破焉。

《诗》云："鸢飞戾（lì，止，到达）天，鱼跃于渊。"言其上下察也。

君子之道，造端乎夫妇；及其至也，察乎天地。

▶译文

君子所遵守的中庸之道，本是光明正大的，但若是不仔细琢磨、体会，其中的道理并不容易明白、掌握。

普通男女虽然愚笨，但是对于浅显的道理他们也是可以知道的，但若要探究这些道理的最精微之处，那即使是圣人也会有不知道的奥秘。普通男女虽然不贤，但是对于浅显的道理他们是可以实行的，但若要达到这些道理的最高标准，那即使是圣人也会有不能达到的境界。天地是如此辽阔广大，但人们对天地还有不满意的地方。因此，君子对于中庸的道理，谈到它的大处，天下没有什么能承载得了它；谈到它的小处，天下没有什么能剖析得了它。

《诗经》里说："老鹰飞上青天，鱼儿跃入深渊。"这两句诗比喻中庸之道，上能达于天空，下能及于深渊。

君子所遵守的中庸之道是从普通男女知道的浅显道理开始的，推究其深妙处，达到最高境界，便显明昭著于天地之间，无处不在，无所不包。

## 第十三章 笃行

▶原文

子曰："道不远人，人之为道而远人，不可以为道。《诗》云：'伐柯伐柯，其则不远。'执柯以伐柯，睨（nì，斜眼观看）而视之，犹以为远。故君子以人治人，改而止。忠恕违道不远，施诸己而不愿，亦勿施于人。君子之道四，丘未能一焉。所求乎子，以事父，未能；也所求乎臣，以事君，未能也；所求乎弟，以事兄，未能也；所求乎朋友，先施之，未能也。庸德之行，庸言之谨，有所不足，不敢不勉，有馀不敢尽；言顾行，行顾言。君子胡不慥慥（zào zào，笃厚忠实的样子）尔！"

▶译文

孔子说："中庸之道并不远离人们，如果有人修道却故作高深玄妙，使道远离人们，那就不可以说是在修道了。《诗经》里说：'伐木做斧柄啊，伐木做斧柄，斧柄的式样就在我眼前。'拿着斧柄做样子去砍伐木材制作斧柄，斜着眼睛瞧一瞧就看得见，但对砍木材制斧柄的人来说，由于没用规矩量尺寸，就会觉得新旧斧柄相差很远。所以君子拿自己为人处世的道理（法则）要求别人，人家把错误改了，也就行了。能够做到忠和恕，那就离中庸之道不远了。不愿意接受别人强加给自己的行为，也一定不要把自己的行为强加给别人。君子的道德有四项重要内容，我连其中的一项也不能做到。第一，我要求做儿女的必须孝敬父母，但我自己却不能做到这一点；第二，我要求做臣子的必须忠于国君，但我自己却不能对国君尽忠；第三，我要求当弟弟的必须尊敬兄长，但我自己却不能做到这一点；第四，我要求做朋友的必须要讲信用，但我自己往往未能首先这样做。德应该付之于平常的行为，平常的言论应该谨慎。行德谨言若是做得不够，就应该勉励自己，让自己的言行优于他人，而不张扬。言谈要顾及行为，行为要符合言谈。做到这些，君子怎能不让人感到笃实可信呢？"

## 第十四章　修身

▶原文

君子素其位而行，不愿乎其外。素富贵，行乎富贵；素贫贱，行乎贫贱；素夷狄，行乎夷狄；素患难，行乎患难；君子无入而不自得焉。

在上位不陵下，在下位不援上，正己而不求于人，则无怨。上不怨天，下不尤人。故君子居易以俟（sì，等待）命，小人行险以侥幸。

子曰："射有似乎君子，失诸正鹄（gǔ，箭靶中心的圆圈），反求诸其身。"

▶译文

君子安心处于平常的地位，去做应做的分内事情，从来不羡慕本职

以外的名利。身处在富贵的地位上，就做在富贵地位上所应做的事；身处在贫贱的地位上，就做在贫贱地位上所应做的事；身处在夷狄的地位上，就做在夷狄地位上所应做的事；身处在患难中，就做处在患难中所应做的事情。这样，君子无论处在什么地位，都不会感到不安。

君子高居上位，不欺凌处于下位的人；君子处在下位，也不去高攀在上位的人。只是端正自己，不去苛求别人，这样便无怨心。上不抱怨天，下不抱怨人。因此，君子居平安之地而听天由命，小人行危险之道而妄想分外之福。

孔子说："射箭的道理好比君子行道。如果箭头射在靶心圆圈以外，不应怨天尤人，应该反过来责备自己。"

## 第十五章　齐家

▶原文

君子之道，辟如行远必自迩（接近）；辟如登高必自卑。

《诗》曰："妻子好合，如鼓瑟琴；兄弟既翕（xī），和乐且耽，宜尔室家。乐尔妻帑（nú）。"子曰：

"父母其顺矣乎！"

▶译文

　　求得君子之道的方法，譬如走远路，一定要从近处出发；譬如登高山，一定要从低处起程。

　　《诗经》里说："你和妻子感情很好，就像鼓瑟弹琴，相得益彰。兄弟相处极和睦，相亲相爱。组织一个安乐的家，你与妻儿和乐相宜。"孔子赞叹道："像这样，做父母的自然就顺心如意了啊！"

## 第十六章　齐家

▶原文

　　子曰："鬼神之为德，其盛矣乎！视之而弗见，听之而弗闻，体物而不可遗。使天下之人齐明盛服，以承祭祀。洋洋乎如在其上，如在其左右。

　　"《诗》曰：'神之格思，不可度思，矧（shěn，况）可射思！'夫微之显，诚之不可掩，如此夫！"

▶译文

　　孔子说："鬼神所实行的功德，真是盛大得很啊！看也看不见形状，听也听不到声响，然而，万物无不以鬼神之气而生长养育，所以不能将其遗忘。在祭祀的时节，让天下的人斋戒净心沐浴，穿戴上华丽的祭服，虔诚敬奉祭祀。在举行祭祀典礼时，浩浩荡荡，鬼神就仿佛舒缓地飘浮在人们的上空，又仿佛流动充溢在人们的身旁。

"《诗经》里说：'鬼神降临，行迹难测，怎么可以对其懈怠不敬呢？'鬼神的行迹本来就是隐匿虚无的，但其功德又是那样的明显，从隐微到显明，至诚的德行就是这样不可掩盖啊！"

# 第十七章　知天

▶原文

子曰："舜其大孝也与！德为圣人，尊为天子，富有四海之内。宗庙飨（xiǎng，供奉祭祀）之，子孙保之。故大德必得其位，必得其禄，必得其名，必得其寿。故天之生物，必因其材而笃焉，故栽者培之，倾者覆之。

"《诗》曰：'嘉乐君子，宪宪令德。宜民宜人，受禄于天。保佑命之，自天申之。'故大德者必受命。"

▶译文

孔子说："舜帝可算是最孝敬的人吧！他有圣人的崇高品德，又有天子的尊贵地位，拥有普天下的财富，他享受宗庙中的祭祀，子子孙孙永远保持不断。所以，像舜这样有大仁大德的人，必然会得到至尊的地位，必然会得到丰厚的俸禄，必然会得到美好的声望，必然会拥有健康和长寿。所以，大自然生育万物，必定按照生物的本质属性来判断是否给予其精心照料，能够栽培的就培养，倾斜枯萎的也就只能让它倾倒。

"《诗经》里说：'君子有显著的善德，官民上下皆以为适宜，他才会得到天帝保佑，才有他的禄位，上天才会把福加给他。'可见善德之人是天意所向。"

参天尽物

## 第十八章 齐家

▶原文

子曰:"无忧者,其惟文王乎!以王季为父,以武王为子,父作之,子述之。武王缵(zǔn,继承)大王、王季、文王之绪,一戎衣而有天下,身不失天下之显名,尊为天子,富有四海之内,宗庙飨之,子孙保之。

"武王末受命,周公成文、武之德,追王大王、王季,上祀先公以天子之礼。斯礼也,达乎诸侯大夫,及士庶人。父为大夫,子为士,葬以大夫,祭以士;父为士,子为大夫,葬以士,祭以大夫。期之丧。达乎大夫。三年之丧,达乎天子。父母之丧,无贵贱,一也。"

▶译文

孔子说:"古代帝王中无忧无虑的,大概只有周文王吧!因为他有贤明的王季做父亲,有英勇的武王做儿子,父亲王季为他开创了基业,儿子周武王继承了他的遗志，完成了他所没有完成的事业。武王继续着大王、王季、文王未完成的功业，灭掉了殷，取得了天下。周武王这种以下伐上的正义行动，不仅没有使他自身失掉显赫天下的名望，反而被天下人尊为天子，掌握普天下的财富，世代在宗庙中享受祭祀，子孙永保祭祀不断。

"周武王直到晚年才承接上天之命而为天子，因此他还有许多没来得及完成的事情。武王死后，周公辅助成王才成就了文王和武王的德业，追尊大王、王季为王，用天子的礼制来追祭祖先，并且把这种礼制一直实行到诸侯、大夫以及士和庶人中间。周公制定的礼节规定：如果父亲是大夫，儿子是士的，父死就要按大夫的礼制安葬、按士的礼制祭祀；如果父亲是士，儿子是大夫的，父死就要按士的礼制安葬，按大夫的礼制祭祀。守丧一周年，通行到大夫；守丧三整年，就只有天子才能使用。至于给父母守丧本身没有贵贱的区别，天子、庶人都是一样的。"

# 第十九章　齐家

▶原文

子曰："武王、周公，其达孝矣乎！夫孝者，善继人之志，善述人之事者也。春秋修其祖庙，陈其宗器，设其裳衣，荐其时食。

"宗庙之礼，所以序昭穆也。序爵，所以辨贵贱也。序事，所以辨贤也。旅酬下为上，所以逮贱也。燕毛，所以序齿也。

"践其位，行其礼，奏其乐，敬其所尊，爱其所亲，事死如事生，事亡如事存，孝之至也。

"郊社之礼，所以事上帝也。宗庙之礼，所以祀乎其先也。明乎郊社之礼，禘（dì）尝之义，治国其如示诸掌乎！"

▶译文

孔子说："周武王和周公真是最守孝道的人啊！所说的孝道，就是善于继承先人的遗志，善于继续先人未完成的功业。在春秋两季祭祀的时节，整修祖宗庙宇，陈列祭祀器具，摆设先王遗留下来的衣裳，进献祭祀应时的鲜美食品。

"按照宗庙祭祀的礼制，把父子、长幼、亲疏的顺序排列出来；把官职爵位的顺序排列出来，就能将贵贱分辨清楚；在众人劝酒时把执事职位的次序排列出来，就能将才能的高低分辨清楚；晚辈必须先向长辈举杯，这样祖先的恩惠就会延及到晚辈，宴饮时按头发的颜色来决定宴席座次，这样就能使老少长幼秩序井然。

"站在适宜的位置上，行先王传下的祭礼，演奏先王时代的音乐，尊敬先王所尊敬的，爱戴先王所爱戴的。侍奉死去的人就像侍奉活着的人一样；侍奉亡故的人就像侍奉生存着的人一样，这才是孝的最高境界。

"制定了祀天祭地的礼节，是用来侍奉皇天后土的；制定了宗庙的礼节，是用来祭祀祖先的。明白了郊社的礼节，大祭小祭的意义，那么治理天下国家的道理，也就像看着自己手掌上的东西那样容易明白啊！"

# 第二十章　治国

▶原文

哀公问政。子曰："文武之政，布在方策。其人存，则其政举；其人亡，则其政息。人道敏政，地道敏树。夫政也者，蒲芦也。故为政在人，取人以身，修身以道，修道以仁。仁者人也，亲亲为大；义者宜也，尊贤为大。亲亲之杀，尊贤之等，礼所生也。在下位不获乎上，民不可得而治矣！故君子不可以不修身；思修身，不可以不事亲；思事亲，不可以不知人；思知人，不可以不知天。

"天下之达道五，所以行之者三。曰：君臣也，父子也，夫妇也，昆弟也，朋友之交也。五者，天下之达道也。智、仁、勇三者，天下之达德也，所以行之者一也。或生而知之，或学而知之，或困而知之，及其知之，一也。或安而行之，或利而行之，或勉强而行之，及其成功，一也。"

子曰："好学近乎知，力行近乎仁，知耻近乎勇。知斯三者，则知所以修身；知所以修身，则知所以治人；知所以治人，则知所以治天下国家矣。"

▶译文

　　鲁哀公向孔子请教如何治理好国家。孔子说："周文王和周武王的政令，都写在木板竹简上。像他们那样拥有贤臣，那么政令就会得到贯彻实行；如果没有贤臣，政令就会失效。以贤人施政的道理在于使政治迅速昌明；以沃土植树的道理在于使树木迅速生长。贤人施政最容易取得成效，就像种植芦苇那样容易生长。因此，国君治理政治取决于贤臣，贤臣的获得取决于明君的品德修养，品德修养取决于遵循天下的大道，遵循天下大道取决于仁爱之心。所谓仁，就是人与人之间相亲相爱，以关爱亲人最为主要。所谓义，就是人们相处应当适宜得当，以尊

参天尽物

敬贤人最为主要。关爱亲人时有亲疏之分，尊敬贤人时有等级之别。这些都是从礼制中产生出来的。在下位的属臣，如果不先得到君主的信任，就不能得民心，就不能治理人民。所以，君子不能不修养品德。想要修养品德，不能不侍奉亲人；想要侍奉亲人，不能不尊贤爱人；想要尊贤爱人，不能不了解天理。

"天下普遍共行的大道有五项，实践大道的美德有三条。君臣、父子、夫妇、兄弟、朋友交往，这五项是天下的大道。智慧、仁爱、勇敢这三条是天下的美德。实践这些大道和美德的关键是诚实。有的人生来就知道这些道理，有的人通过学习才知道这些道理，有的人是有了困惑后才知道这些道理，虽然人们知道的有先有后，但最终在掌握这些道理上，他们却都是一样的。有的人心安理得地去实行大道，有的人贪图利益而去实行大道，有的人则是勉强去实行大道。最终他们成功的时候，却都是一样的。"

孔子说："喜爱学习的人就接近智慧了，尽力行善的人就接近仁爱了，知道羞耻的人就接近勇敢了。知道这三点的人，就知道如何修养品德；知道如何修养品德，就知道如何管理别人；知道如何管理别人，就知道如何去治理天下国家了。"

▶原文

"凡为天下国家有九经，曰：修身也，尊贤也，亲亲也，敬大臣也，体群臣也，子庶民也，来百工也，柔远人也，怀诸侯也。修身则道立，尊贤则不惑，亲亲则诸父昆弟不怨，敬大臣则不眩，体群臣则士之报礼重，子庶民则百姓劝，来百工则财用足，柔远人则四方归之，怀诸侯则天下畏之。齐明盛服，非礼不动，所以修身也；去谗远色，贱货而贵德，所以劝贤也；尊其位，重其禄，同其好恶，所以劝亲亲也；官盛任使，所以劝大臣也；忠信重禄，所以劝士也；时使薄敛，所以劝百姓也；日省月试，既廪 (lǐn)

称事，所以劝百工也；送往迎来，嘉善而矜不能，所以柔远人也；继绝世，举废国，治乱持危，朝聘以时，厚往而薄来，所以怀诸侯也。凡为天下国家有九经，所以行之者一也。"

"凡事豫则立，不豫则废。言前定则不跲 (jiá，说话不通畅)，事前定则不困，行前定则不疚，道前定则不穷。在下位不获乎上，民不可得而治矣。获乎上有道，不信乎朋友，不获乎上矣。信乎朋友有道：不顺乎亲，不信乎朋友矣；顺乎亲有道：反诸身不诚，不顺乎亲矣；诚身有道：不明乎善，不诚乎身矣；诚者，天之道也；诚之者，人之道也。诚者不勉而中，不思而得，从容中道，圣人也。诚之者，择善而固执之者也。"

"博学之，审问之，慎思之，明辨之，笃行之。有弗学，学之弗能，弗措也；有弗问，问之弗知，弗措也；有弗思，思之弗得，弗措也；有弗辨，辨之弗明，弗措也；有弗行，行之弗笃，弗措也。人一能之己百之；人十能之己千之。果能此道矣，虽愚必明，虽柔必强。"

▶译文

"大凡国君治理天下国家常奉行九条准则。这就是说：第一要修养品德；第二要尊敬贤人；第三要爱护亲族；第四要敬重大臣；第五要体贴众臣；第六要爱民如子；第七要招募百工；第八要善待边远异族；第九要安抚四方诸侯。修养品德，就能树立良好的道德典范；尊敬贤人，就不会被人世的假象所迷惑；爱护亲族，亲人、叔伯、兄弟就不会抱怨；敬重大臣，处事就不会感到恍惚困惑；体贴众臣，受恩惠的大臣都会以重礼回报；爱民如子，百姓们都会更加努力勤奋；招募百工，财富用度就会充足；善待边远异族，四方边境的人就会归顺；安抚四方诸侯，普天下就自然会信服敬畏。清心寡欲，仪表端庄，无礼的事不做，这才是修养品德的方法；离开或除掉进谗言的人，远离美色，轻视财物，重视有德行的人，这才是劝勉贤人的最好方法；对宗室与外戚之亲，可以让他们得到高位厚禄，但不可任以职务。庆赏惩罚应有相同的标准。这样才不致贻误国事，这才是努力爱护亲族的方法；为大臣多设属官，足供任用，这才是奖励大臣的方法；对士要讲究忠诚笃信，并以厚禄供养他们，这才是鼓励士为国效力的方法；役使百姓要注意季节性，减轻所征的税赋，这才是劝勉百姓努力从事劳动的方法；每天检查工作，逐月测验业绩，付给粮资与他们的功效业绩相称，这才是劝勉各种工匠努力工作的方法；盛情相迎，热情相送，嘉奖有善行的人，同情才能不足的人，这才是善待边远异族的方法。延续中断俸禄的世家，复兴颓败废灭的邦国，整治混乱，解救危难，定期朝见聘问，贡礼薄收，赏赐厚重，这才是安抚诸侯的方法。大凡国君治理天下国家有九条准则，但实行它们的道理都是一样的，关键在一个'诚'字上。"

"凡事事先有准备就会成功，没有预先策划就会失败。说话预先想好就不会感到困难。行动之前预先想好就不会内心不安。执行规则预先

想好就不会陷入绝境。处在下位的臣子要是得不到君主的赏识，就不可能得到为官治民的机会。得到上级的信任是有方法的，得不到朋友的信任就得不到上级的信任；得到朋友的信任是有方法的，不孝顺父母就得不到朋友的信任；孝顺父母是有方法的，自己心不诚就不能孝顺父母；心诚是有方法的，如果善恶不分，怎么能心诚呢？天之道，自是天性；人之道，当然要靠人为。天生诚实的人，不必勉强为人处事合理，不必思索言语行动得当。从容不迫地达到中庸之道，这种人就是圣人。其他人选择了善道，就必须坚定不移地实行它才行。"

"要广博地学习，要详细地询问，要慎重地思考，要清晰地辨别，要忠实地贯彻。要么就不学，学了没有学会就不应停止。要么就不问，问了还不明白就不要停止。要么就不思考，思考了没有收获就不应停止。要么就不辨别，辨别了不清楚就不要中止。要么就不实行，实行了不到忠实程度就不停止。别人一次能做到的，我用百倍的工夫；别人十次能做到的，我用千倍的工夫。如果真能这样做，即使愚笨的人也会变得聪明，即使柔弱的人也会变得刚强。"

## 第二十一章　知性

▶原文

自诚明，谓之性。自明诚，谓之教。诚则明矣，明则诚矣。

▶译文

由至诚而明白事理，这叫作天性。由聪明而生诚，这叫作教化。有了至诚之心，就会明晓道理，明晓道理就会生出至诚之心。

## 第二十二章　诚意

▶原文

唯天下至诚，为能尽其性。能尽其性，则能尽人之性；能尽人之性，则能尽物之性；能尽物之性，则可以赞天地之化育；可以赞天地之化育，则可以与天地参矣。

▶译文

　　只有天下最真诚的人，才能充分发挥天赋的本性；能充分发挥天赋的本性，就能充分发挥天下众人的本性；能充分发挥天下众人的本性，就能充分发挥万物的本性；能充分发挥万物的本性，就能赞助天地养育万物；能赞助天地养育万物，他的功德就可以与天地并立为三了。

## 第二十三章　诚意

▶原文

　　其次致曲。曲能有诚，诚则形，形则著，著则明，明则动，动则变，变则化，唯天下至诚为能化。

▶译文

　　那些次于圣人的贤人，从细微处入手推究道理，细微之处也能达到真诚的境界。达到真诚就会表现出来，表现出来了就会日渐显著，日渐显著就会光辉明亮，光辉明亮就会感动万物，感动万物就会变革人心，变革人心就会感化民众，只有天下至诚的人才能做到感化民众。

## 第二十四章　治国

▶原文

　　至诚之道，可以前知。国家将兴，必有祯祥；国家将亡，必有妖孽。见乎蓍（shī，一种草，古人用此卜吉凶）龟，动乎四体。祸福将至，善，必先知之；不善，必

先知之。故至
诚如神。

▶译文

　　最高境界的真
诚可以预知将来。
国家即将兴盛时，
一定会有吉祥的预
兆；国家将要灭亡
时，一定会有妖孽
出来作怪，这些或
从蓍草、龟甲的占
卜中发现，或从人
体的仪表、动作中
察觉。祸福即将来
临之前，是吉兆，
一定能预先知道；

是凶兆，也一定能预先知道。因此说，最高境界的真诚如同神灵一般。

## 第二十五章　诚意

▶原文

　　诚者自成也，而道自道（dǎo，引导）也。诚者物之
终始，不诚无物。是故君子诚之为贵。诚者非自成己
而已也，所以成物也。成己，仁也；成物，知也；性
之德也，合外内之道也，故时措之宜也。

▶译文

　　有诚心的人成就自我，而道路是自己找到的。真诚贯穿万物的终点

和发端，没有真诚就没有万物。因此，君子把真诚看得非常珍贵。真诚，并非只是成全自己就够了，还要成全万物。成全自己是仁义，成全万物是智慧。这是发自本性的品德，是结合了天地内外的道理，所以，适合在任何时候实行。

# 第二十六章　博学

▶原文

　　故至诚无息。不息则久，久则征。征则悠远，悠远则博厚，博厚则高明。博厚，所以载物也；高明，所以覆物也；悠久，所以成物也。博厚配地，高明配天，悠久无疆。如此者，不见而章，不动而变，无为而成。天地之道，可一言而尽也：其为物不贰，则其生物不测。天地之道：博也，厚也，高也，明也，悠也，久也。今夫天，斯昭昭之多，及其无穷也，日月星辰系焉，万物覆焉。今夫地，一撮土之多；及其广厚，载华岳而不重，振河海而不泄，万物载焉。今夫山，一卷石之多，及其广大，草木生之，禽兽居之，宝藏兴焉。今夫水，一勺之多，及其不测，鼋（yuán，大鳖）鼍（tuó，扬子鳄）、蛟龙、鱼鳖生焉，货财殖焉。

　　《诗》云："维天之命，於穆不已！"盖曰天之所以为天也。"於乎不显，文王之德之纯！"盖曰天王之所以为文也，纯亦不已。

▶译文

　　所以，至诚的道理是永不停止的；永不停止就可长久流传，长久流

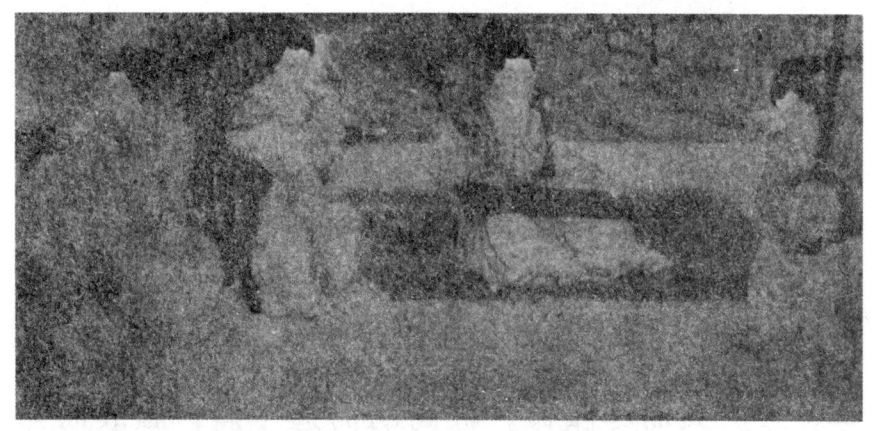

传就会有效果，有效果就会悠久无穷，悠久无穷就会广博深厚，广博深厚就能高妙精明。广博深厚，能够承载天下万物；高妙精明，能够覆盖天下万物；悠久无穷，可以生长天下万物。广博深厚与地相配，高妙精明与天相配，悠久无穷就像天地那样无边无际。这样，不表现却自然彰显，不行动却自然感人化物，无所作为却自然获得成功。天地的道理，可以用一个字概括：诚。而化生万物，形形色色，难以测知其中奥秘。天地的道理就在于广博，深厚，高妙，精明，悠远，长久。现在就说天吧，论小它不过是小小一片光明，论它的整体那真是无穷无尽，日月在上空运行，星辰在上空悬系，地上万物都被它覆盖着。现在以地为例来说吧，论小它不过是一小撮土积累，论大它的整体广博深厚，承载着华山不觉得沉重，收容河海江湖而不见有水泄漏，万物都可以承载于大地之上。再说山吧，论小它不过是小石头积累而成，论大它的整体高峻宽阔，草木花卉生长在山上，飞禽走兽栖居在山中，丰富的宝藏被人们从里面开发出来。现在再谈水，论小它不过是一小勺水汇积起来，论大水的宽广，那真是浩瀚无际，深不可测，里面生活着鼋鼍、蛟龙、鱼鳖，各种财货也都从水中繁殖出来。

《诗经》里说："只有上天的道理深远得很，运转永不停止。"这大概是说天之所以成为天的道理。

"呜呼，这难道不光明！周文王的德行那么盛大纯洁！"这大概是说周文王之所以被尊谥为"文"，就是因为他盛大纯洁的品德常行不止。

# 第二十七章　修身

▶原文

大哉！圣人之道洋洋乎！发育万物，峻极于天。优优大哉！礼仪三百，威仪三千。待其人然后行。故曰：苟不至德，至道不凝焉。故君子尊德性而道问学，致广大而尽精微，极高明而道中庸，温故而知新，敦厚以崇礼。是故居上不骄，为下不倍。国有道，其言足以兴；国无道，其默足以容。《诗》曰："既明且哲，以保其身。"其此之谓与！

▶译文

伟大啊，圣人之道。浩浩荡荡，充塞于天地之间，生长发育万物，与天一样崇高。充足而又伟大啊！三百条礼仪，三千条威仪，等待圣人出现后才能实行。所以说：如果不是至德之人，他就不能成就圣人之道。因此，君子应当尊奉德行，善学好问，达到宽广博大的宏观境界，同时又深入到精细详尽的微观之处，达到极端的高明，同时又遵循中庸之道。温习已经了解的道理，从而探究对事理新的认识，抱着朴实忠厚的态度崇尚礼节。这样，身居上位时不要骄傲，身居下位时不要背弃。国家政治清明时力争言论主张能被君主采纳，使国家振兴。国家政治黑暗时沉默不语，力求保全自身。《诗经》里说："既明达又智慧，这样才能保全自己的性命。"这句诗说的就是这个意思吧！

# 第二十八章　明道

▶原文

子曰："愚而好自用，贱而好自专，生乎今之世，反古之道：如此者，灾及其身者也。

"非天子，不议礼，不制度，不考文。今天下车同轨，书同文，行同伦。虽有其位，苟无其德，不敢作礼乐焉；虽有其德，苟无其位，亦不敢作礼乐焉。"

子曰："吾说夏礼，杞不足征也。吾学殷礼，有宋存焉。吾学周礼，今用之。吾从周。"

▶译文

孔子说："愚蠢的人却又爱只凭主观意愿行事；卑贱的人却又好独断专行；生活在当今时代，却偏要去恢复古代的制度。像这样的人，灾祸一定会降临到他的身上。

"不是天子，不敢议论礼制，不敢制定法度，不敢考核文字。现今天下统一，车辙的距离相同，书写的文字相同，实行的伦理道德也相同。虽然有天子的地位，但如果没有天子的德行，是不敢轻易制礼作乐的；虽然有天子的德行，但如果没有天子的地位，也不敢轻易去制礼作乐。"

孔子说："我解释夏

参天尽物

代的礼法，但由于它的后代已经衰亡，现在只有一个杞国存在，所以不足以验证。我学习殷代的礼法，现只还有它的后代宋国保持着。我学习周代的礼法，现今正实行着它，因此，我遵从周代的礼法。"

# 第二十九章　明辨

▶原文

　　王天下有三重焉，其寡过矣乎！上焉者虽善无征，无征不信，不信民弗从；下焉者虽善不尊，不尊不信，不信民弗从。故君子之道：本诸身，徵诸庶民，考诸三王而不缪（miù，谬误），建诸天地而不悖，质诸鬼神而无疑，百世以俟圣人而不惑。质诸鬼神而无疑，知天也；百世以俟圣人而不惑，知人也。是故君子动而世为天下道，行而世为天下法，言而世为天下则。远之则有望，近之则不厌。

　　《诗》曰："在彼无恶，在此无射。庶几夙夜，以永终誉！"君子未有不如此而蚤有誉于天下者也。

▶译文

　　君王统治天下要做三件重大的事情，这就是"仪礼、制度、考文"，做好了就会减少他的过失。在上位的人，品德虽好但没有验证，没有验证就不确实，不确实就不能取信于百姓；在下位的人，品德虽好，但不尊贵，不尊贵就不踏实，不踏实也不能取信于百姓。所以，君子统治天下的道理在于：要以自身的品德修养为根本，要在百姓中得到验证和信任。要用夏、商、周三代先王的礼仪制度来考查而没有谬误，树立在天地之间没有悖理的地方，卜问鬼神没有可疑的地方，等到百世以后圣人出现也不感到困惑了。卜问鬼神没有可疑的地方，这是了解天意；等到百世以后圣人出现不感困惑，这是了解人意。因此，君子的举动能世世代代成为天下的法则，君子的行为能世世代代成为天下的规则，君子的言谈能世世代代成为天下的准则。离得远的则有仰慕之心，离得近的也不会有厌恶之意。

《诗经》里说："诸侯在邦无人憎，在朝也不遭人恨。早起晚睡勤政事，众人称赞美名存。"君子没有不先做到这些却早有美名流传于天下的。

## 第三十章　知法

▶原文

仲尼祖述尧舜，宪章文武；上律天时，下袭水土。辟如天地之无不持载，无不覆帱。辟如四时之错行，如日月之代明。万物并育而不相害，道并行而不相悖，小德川流，大德敦化，此天地之所以为大也。

▶译文

孔子遵循尧、舜二帝的传统，效法周文王和周武王的典章；上遵从天时变化，下符合地理环境。好像天地没有什么不能承载，没有什么不能覆盖的。好像四季的错综运行，好像日月的交替照明。世上万物可以一起生长发育，人间道路可以并行。行小德如溪川之流，不息不止，而圣人之大德可以化育天下万物，这就是天地之所以盛大的原因吧。

## 第三十一章　修身

▶原文

唯天下至圣为能聪明睿知，足以有临也；宽裕温柔，足以有容也；发强刚毅，足以有执也；齐庄中正，足以有敬也；文理密察，足以有别也。溥博渊泉，而时出之。溥博如天，渊泉如渊。见而民莫不

敬，言而民莫不信，行而民莫不说（yuè，通"悦"，喜欢）。是以声名洋溢乎中国，施及蛮貊（mò）。舟车所至，人力所通，天之所覆，地之所载，日月所照，霜露所队，凡有血气者，莫不尊亲，故曰配天。

▶译文

只有天下崇高的圣人，才能做到聪明智慧，能够居上位而临下民，宽宏大量，温和柔顺，能够包容天下；奋发勇健，刚强坚毅，能够决断天下大事；威严庄重，忠诚正直，能够博得人们的尊重；条理清晰，详辨明察，能够辨别是非邪正。崇高的圣人，美德广博而又深厚，并且时常会表现出来。德行广博如天，德行深厚如渊。美德体现在仪表上，百姓没有谁不敬佩；表现在言谈中，百姓没有谁不信服；表现在行动上，百姓没有谁不喜悦。这样，美好的名声广泛流传在国中，并且传播到边远的少数民族地区。凡是车船行驶的地方，人力通行的地方，苍天覆盖的地方，大地承载的地方，日月照耀的地方，霜露降落的地方；凡有血气的生物，没有不尊重和不亲近他们的，所以说圣人的美德能与天相匹配。

## 第三十二章　诚意

▶原文

唯天下至诚，为能经纶天下之大经，立天下之大本，知天地之化育。夫焉有所倚？肫肫（zhūn zhūn，真诚恳切的样子）其仁，渊渊其渊，浩浩其天。苟不固聪明圣知达天德者，其孰能知之？

▶译文

只有天下极致的真诚，才能成为治理天下的高尚典范，才能树立天下的根本法则，掌握天地化育万物的深刻道理，这需要什么依靠呢？圣人的仁心那样诚挚，圣人的思虑像潭水那样幽深，圣人的美德像苍天那样广博。如果不真是聪明智慧，通达天赋美德的人，还有谁能知道天下至圣呢？

## 第三十三章　正心

▶原文

《诗》曰"衣锦尚䌹（jiǒng，用麻布做的单罩衣）。"恶其文之著也。故君子之道，暗（àn，昏暗）然而日章；小人之道，的然而日亡。君子之道：淡而不厌，简而文，温而理，知远之近，知风之自，知微之显，可与入德矣。《诗》云："潜虽伏矣，亦孔之昭！"故君子内省不疚，无恶于志。君子之所不可及者，其唯人之所不见乎！《诗》云："相在尔室，尚不愧于屋漏。"故君子不动而敬，不言而信。《诗》曰："奏假无言，时靡有争。"是故君子不赏而民劝，不怒而民威于铁钺（fū yuè，刀斧）。《诗》云："不显惟德！百辟其刑之。"是故君子笃恭而天下平。《诗》云："予怀明德，不大声以色。"子曰："声色之于以化民，末也。"《诗》曰："德輶（yóu，轻）如毛。"毛犹有伦。"上天之载，无声无臭"，至矣！

### ▶译文

　　《诗经》里说："内穿锦缎，外罩麻衣。"这样做是因为讨厌锦服的色彩太鲜艳了。因此，君子为人处世的道理在于，外表暗淡无色，而内心美德才日渐彰明；小人为人处世的道理在于，外表色彩光鲜，但时间一长便会日渐消失。君子为人的道理还在于：外表平淡而内具韵味，外表简朴而内含文采，外表温和而内有条理，知道远是从近开始，知道教化别人是从自己做起，知道显著的事物处于微小阶段的情形，能够掌握以上这些道理，就可进入到圣人崇高美德的行列中去了。《诗经》里说："鱼儿潜伏在深水中，仍然能够清晰看得见。"因此，君子经常在内心深处反省自己而不感到内疚，就不会有愧心。由此可知，别人不及君子的原因，大概就是因为君子能在别人看不见的地方也严格要求自己。《诗经》里说："看你独自在室中，心地光明应无愧。"在人们不注意的房屋角落里尚且不肯干见不得人而有愧于心的事，何况在大庭广众之下呢？所以，即使君子不做什么，不说什么，人们总是敬重他，信任他。《诗经》里说："默默无声作祈祷，今时不再有争执。"所以君子不用重赏，百姓就会受到鼓励；君子不必发怒，百姓就会比看到刑罚还要畏惧。《诗经》里说："充分弘扬好德行，诸侯便会齐效行。"所以君子忠诚恭敬，天下国家就会太平。《诗经》里说："文王美德我怀念，大声厉色从不用。"孔子说："用大声厉色去感化百姓，这是没有抓住根本啊！"《诗经》里说："美德微妙如鸿毛。"鸿毛虽然轻微细小，但还是有东西可以类比。《诗经》里说："天生万物有其道，无声无息，潜移默化。"这才达到了最高的境界。

# 虞　书

## 尧　典

▶原文

　　曰若稽古，帝尧曰放勋，钦，明，文，思，安安。允恭克让，光被四表，格于上下（天地之间）。克明俊德，以亲九族。九族既睦，平章百姓。百姓昭明，协和万邦，黎民於变时雍（和睦）。

▶译文

　　考察古时传说，帝尧的名字叫作放勋。他恭敬地处理政务并注意节约，明察是非，态度温和，诚实恭谨，能够举贤让能，因此他的光辉照耀四海，以至于上天下地。他能够举用同族中德才兼备的人，使族人都紧密地团结起来。族人和睦团结了，便又对百官中有善行的人加以表彰，以资鼓励。百官中的事务处理得妥善了，又努力使各个邦族之间都能团结无间，亲如一家，天下臣民在尧的教育下也都团结起来。

▶原文

　　乃命羲和，钦若昊天，历象日月星辰，敬授民时。分命羲仲，宅嵎（yú）夷，曰旸（yáng）谷。寅宾出日，平秩东作。日中，星鸟，以殷仲春。厥民析，鸟兽孳（zī，生育，繁殖）尾。申命羲叔，宅南交，曰明都。平秩南讹，敬致。日永，星火，以正仲夏。厥民

因，鸟兽希革。分命和仲，宅西曰昧谷。寅饯纳日，平秩西成。宵中，星虚，以殷仲秋。厥民夷，鸟兽毛毨（xiǎn，羽毛新生后整齐的样子）。申命和叔，宅朔方，曰幽都。平在朔易。日短，星昴（mǎo），以正仲冬。厥民隩（yù，通"奥"，深、隐），鸟兽氄（rǒng）毛。帝曰："咨！汝羲暨和。期三百有六旬有六日，以闰月定四时，成岁。允厘百工，庶绩咸熙。"

▶译文

　　于是尧便命令羲氏、和氏，恭谨地顺应天时，根据日月星辰的运行情况来制定历法，以教导人民按时令节气从事生产活动。又命令羲仲住在东方海滨，一个名叫旸谷的地方。恭敬地等待着日出，并通过观察来辨别不同时期日出的特点。昼夜平分，南方朱雀七宿中的星宿黄昏时见于天空正南，这一天确定为春分。这时人民分散在田野里劳作，鸟兽也顺时生育繁殖起来。他命令羲叔，住在太阳由北向南转移的地方，这地方叫作明都。在这里观察太阳向南移动的规律，以规定夏天所应该从事的工作，并恭敬地等待着太阳的到来。白昼时间最长，东方苍龙七宿中的房宿黄昏时见于天空正南，这一天确定为夏至。这时人民住在高处，鸟兽的毛也都稀疏起来。他命令和仲，住在西方名叫昧谷的地方，以测定日落之处，恭敬地给太阳送行。昼夜长短相等，北方玄武七宿中的虚宿黄昏时见于天空正南，这一天确定为秋分。这时，人民离开高地回到平原，从事收获庄稼的劳动；这时鸟兽也换上了新毛。他命令和叔，居住在北方叫做幽都的地方，以观察太阳从南向北运行的情况。白昼最短，西方白虎七宿中的昴宿黄昏时见于天空正南，这一天确定为冬至。这时，人民都住在室内取暖，鸟兽为了御寒，毛长得特别细密丰茂。尧说："唉！羲氏与和氏啊！希望你们以三百六十六日为一周期，剩下的天数，每三年加一闰月，以推定春夏秋冬四时而成一年。由此确定百官的职务，这样许多事情便得以顺利进行了。"

▶原文

　　帝曰："畴咨若时登庸？"放齐曰："胤（yìn，后嗣）子朱启明。"帝曰："吁！嚚（yín，言不忠信，奸诈）讼，可乎？"

　　帝曰："畴咨若予采？"驩兜曰："都，共工！方鸠僝（zhuàn，具备，表现）功。"帝曰："吁！静言庸违，象恭滔天。"

▶译文

　　尧说："谁能顺应四时的变化获得功绩呢？"放齐说："你的儿子丹朱聪明能干，可以让他担任这项职务。"尧说："唉！像他那样愚笨而不守忠信的人，可以担任这项职务吗？"

　　尧说："谁能够根据我的意见来办理政务呢？"驩兜说："哦！还是共工吧！他现在在安抚人民方面已经取得一定成效了。"尧说："唉！这个人很会说些漂亮话，但却阳奉阴违，貌似恭敬，实际上对国君十分轻慢。"

▶原文

帝曰："咨！四岳，汤汤洪水方割，荡荡怀山襄陵，浩浩滔天。下民其咨，有能俾乂（yì，治理）？"佥（qiān）曰："於！鲧（gǔn）哉。"帝曰："吁！咈哉，方命圮（pǐ，毁坏，指危害）族。"岳曰："异哉！试可乃已。"帝曰："往！钦哉！"九载，绩用弗成。

帝曰："咨！四岳。朕在位七十载，汝能庸命巽（通"践"，升，登）朕位？"岳曰："否德忝（tiǎn，辱，表谦虚之词）帝位。"曰："明明扬侧陋。"师锡帝曰："有鳏（guān，独身男子）在下，曰虞舜。"帝曰："俞！予闻，如何？"岳曰："瞽（gǔ，盲人）子，父顽，母嚚，象傲。克谐，以孝烝烝，乂不格奸。"帝曰："我其试哉！"

女于时，观厥刑于二女。厘降二女于妫汭（guī ruì），嫔于虞。帝曰："钦哉！"

▶译文

尧说："唉！四方诸侯之长啊！奔腾呼啸的洪水普

遍为害，吞没一切的洪水包围了大山，冲上了高空，水势大极了，简直要遮蔽天空。在下的臣民都愁苦叹息，有谁能治理洪水，使人民得以安居乐业呢？"

大家都说："哦，还是让鲧来担当这项责任吧！"尧说："唉！这个人常常违背法纪，不遵守命令，危害同族的人。"四方诸侯之长说道："我们知道的情况和你说的不一样，还是让他试一试吧，如果实在不行，再免去他的这项职务也不迟。"尧说："去吧！鲧，可要谨慎地对待你的职务啊！"鲧治水九年，毫无功绩。

尧说："唉！四方诸侯之长啊！我在位七十年，你们之中有谁能够顺应上天的命令，代替我登上天子大位呢！"四方诸侯之长回答说："我们的德行鄙陋，不配登上天子的大位。"尧说："应该考查贵戚中的贤人，或是隐伏在下面，地位虽然低贱，实际上却是贤能的人，还是让贤德之人登上帝位吧！"众人对尧提议说："在民间有一个穷困的人，名字叫做虞舜。"尧说："是啊，我也听说过这个人，但他的德行到底怎样呢？"四方诸侯之长回答说："他是乐官瞽叟的儿子，其父心术不正，继母言而无信，其弟象十分傲慢，对舜的态度很不友好。而舜和他们却能和睦相处，以自己的孝行美德感化他们，家务处理得十分妥善。家人也都弃恶从善，使自己的行为不至流于奸邪。"尧说："让我考查考查他吧！"

尧把两个女儿嫁给舜，从两个女儿那里考查他的德行。于是命令在妫水的隈曲处举行婚礼，让两个女儿做了虞舜的妻子。尧说："恭敬谨慎地处理政务吧！"

## 舜　典

▶原文

慎徽五典，五典克从。纳于百揆。百揆（kuí，管理）时叙。

宾于四门，四门穆穆。纳于大麓，烈风雷雨弗迷。

尧先使舜负责推行德教，舜便教导臣民以父义、母慈、兄友、弟恭、子孝五种美德指导自己的行动，臣民都能听从这种教导而不违背。然后尧又让舜总理百官，百官都能服从命令，使百事振兴，无一荒废。

尧又让舜在明堂的四门，负责接待四方前来朝见的诸侯，舜使诸侯们都能和睦相处。最后派遣舜进入深山密林中，经受风雨的考验。舜在暴风雷雨中也没有迷失方向。

▶原文

帝曰："格，汝舜！询事考言，乃言厎（zhǐ，必，终究）可绩，三载，汝陟（zhì，升，登）帝位！"舜让于德，弗嗣。

▶译文

尧说："来吧！舜啊。你考虑事情周到，提的意见也都十分正确，经过三年考验，你的确取得了不少成绩，你现在可以登上天子的大位了。"舜以为自己的德行尚差，推让不肯就位。

▶原文

正月上日，受终于文祖。在璇玑玉衡，以齐七政。肆类于上帝，禋（yīn，古祭名，洁祭）于六宗，望于山川，遍于群神。辑五瑞，既月乃日，觐（jìn，会见）四岳群牧，班瑞于群后。

▶译文

正月初一这天，在尧的太庙举行了禅位典礼。舜代尧接受了天子的大命。舜继位后，便考察了北斗七星的运行规律，接着举行了祭天的大典，把继位之事报告给上天。然后又真心诚意地祭祀天地四时，祭祀山川和群神。随后聚敛了诸侯的五种圭玉，择定吉月吉日，召见四方诸侯

君长，举行隆重的典礼，把圭玉颁发给他们。

▶原文

岁二月，东巡守。至于岱宗，柴。望秩于山川，肆觐东后。协时月正日，同律度量衡。修五礼、五玉、三帛、二生、一死贽（zhì，执礼）。如五器，卒乃复。五月南巡守，至于南岳，如岱礼。八月西巡守，至于西岳，如初。十有一月朔巡守，至于北岳，如西礼。归，格于艺祖，用特。

▶译文

这一年的二月，舜到东方进行视察。到了泰山，舜举行了祭祀泰山的典礼，对于其余的山川，都根据其大小给予不同的祭祀。于是舜召见了东方的诸侯，首先他根据对天象的观察，使月日的计时与自然运行的实际情况相符，并且统一了律、度、量、衡。制定了公、侯、伯、子、男五等礼节和相应的五种信圭，规定了诸侯以红、黑、白三种颜色的丝织物作为朝见时的贡献，卿大夫则以活的羊羔和雁作为朝见时的贡献，士则以一只死雉作为朝见时的贡献。朝见的典礼结束之后，便把三种颜色的丝织物及信圭退还给诸侯。五月舜在南方巡行视察，到了衡山，像祭祀泰山一样祭祀衡山。八月舜在西方巡行视察，到了华山，也像祭祀泰山一样祭祀华山。十一月舜在北方巡行视察，到了恒山，像祭祀华山一样祭祀恒山。舜回朝之后，去了尧的太庙，用一头牛做了祭祀。

▶原文

　　五载一巡守，群后四朝。敷奏以言，明试以功，车服以庸。肇十有二州，封十有二山，浚（jùn，疏通）川。象以典刑，流宥（yòu，宽恕）五刑，鞭作官刑，扑作教刑，金作赎刑。眚（shěng，过错）灾肆赦，怙终贼刑。"钦哉，钦哉，惟刑之恤哉！"流共工于幽州，放驩（huān）兜于崇山，窜三苗于三危，殛（jí，拘禁）鲧于羽山，四罪而天下咸服。

▶译文

　　每隔五年，舜都要进行一次全面的巡行视察。四方诸侯分别在四岳朝见天子，向天子报告自己的政绩，天子也认真地考察诸侯国的政治得失，把车马衣服奖给有功的诸侯。开始划定十二州的疆界，在十二座大山上封土为坛，以为祭祀之用，并分别作为十二州之镇，同时又疏通河道。在器物上画着五种刑罚的形状，使人民有所警诫。用流放的办法代替五刑以表示宽大，庶人做官而又有俸禄者，犯了过错，罚以鞭刑。掌管教化的人，使用

参天尽物

刑罚时，则用扑刑，犯了过错可以出金赎罪。如果犯了小错，或过错虽大，只是偶一为之，可以赦免；如果犯的罪较大而又不知悔改，便要给予严厉的惩罚。舜告诫大臣说："小心啊！小心啊！在使用刑罚时，可要十分慎重啊！"他把共工流放到幽州，把驩兜放逐到崇山，把三苗驱逐到三危，把鲧贬到羽山。四个罪人都受到了应有的惩罚，天下的人便都心悦诚服了。

▶原文

二十有八载，帝乃殂（cú）落。百姓如丧考妣（bǐ），三载，四海遏密八音。月正元日，舜格于文祖，询于四岳，辟四门，明四目，达四聪。

▶译文

当舜总理政务二十八年的时候，帝尧逝世了。百姓好像死去父母一样悲痛，在三年中，全国上下未奏音乐。守丧三年以后的正月初一，舜到了太庙，和四方诸侯之长共商国家大事，开明堂的四门宣布教化，明察四方政务，倾听四方意见。

▶原文

"咨，十有二牧！"曰，"食哉惟时：柔远能迩，惇（dūn，敦厚）德允元，而难任人，蛮夷率服。"

▶译文

"啊！十二州的长官，"舜说，"只有衣食才是人民的根本啊！因而重要的在于颁布历法，安抚远方的臣民，爱护周围的臣民，并顺从他们的意志去处理政务。德行厚，才能取信于人，才能使政务达到至善的地步；拒绝使用奸邪小人，如此，边远地方的民族才能都对你表示臣服。"

▶原文

舜曰："咨！四岳。有能奋庸熙帝之载？使宅百

揆、亮采惠畴?"金曰:"伯禹作司空。"帝曰:"俞,
咨!禹,汝平水土,惟时懋(mào,努力)哉!"禹拜稽
首,让于稷、契暨(jì,和)皋陶。帝曰:"俞!汝往
哉。"帝曰:"弃,黎民阻饥。汝后稷,播时百谷。"
帝曰:"契,百姓不亲,五品不逊。汝作司徒,敬敷
五教,在宽。"帝曰:"皋陶!蛮夷猾夏,寇贼奸宄
(guǐ,坏人)。汝作士,五刑有服,五服三就;五流有
宅,五宅三居:惟明克允!"

▶译文

舜说:"唉!四方诸侯之长啊,有谁能够奋发努力,以发扬先帝的
事业,能够主持政务率领百官,并帮助百官使他们遵循法则行事呢?"
大家都说:"伯禹可以担任司空的官职。"舜说:"好吧!禹啊,你治水
有功,希望你再努力地承担起这份责任吧!"禹行礼拜谢,并且谦虚地

让稷、契和皋陶来担任这项职务。舜说："你的态度很好，不过这项职务还是由你来担任吧！"舜说："弃啊！现在人民苦于没有饭吃，你主管农业，带领人民种植庄稼吧！"舜说："契啊！现在人民很不友好，君臣之间、父子之间、夫妇之间、长幼之间、朋友之间不能恭顺。你担任司徒这个官职，要对他们进行五常教育，推行这些教育的时候，一定要本着宽厚的原则。"舜说："皋陶啊！外族部落经常来侵犯我们，他们在我国境内到处为非作歹，抢夺人民的财产。望你担任法官，能根据犯人罪情的大小使用五种刑罚。罪大者，便带到原野上行刑；罪轻者，可分别带到城郊、市朝处行刑。把他们的罪情告示出来，使人有所警诫；或者为了表示宽大，也可以用流放来代替。流放也要根据罪行大小分为五种，把犯人流放到远近不同的地方，这些地方可在九州之外、四海之内，并分为三等以区别其远近。只有明察案情，处理得当，人民才会信服啊！"

▶原文

帝曰："畴若予工？"

佥（qiān，全，都）曰："垂哉。"

帝曰："俞，咨！垂，汝共工。"垂拜稽首，让于殳（shū）、斨（qiāng）暨伯与。帝曰："俞，往哉！汝谐。"帝曰："畴若予上下草木鸟兽？"佥曰："益哉！"帝曰："俞，咨！益，汝作朕虞。"益拜稽首，让于朱、虎、熊、罴（pí）。

▶译文

舜说："谁来担任百工这项职务？"

大家都说："还是让垂来担任吧！"

舜说："好吧！垂，你来担任百工的职务吧。"垂行礼拜谢，并表示谦让给殳、斨和伯与来担任这项职务。舜说："好吧！让他们也和你一起去负责这项工作吧！"舜说："谁能替我管理山林川泽中的草木鸟兽？"大家都说："让益来担任这项职务吧！"舜说："好吧！益啊，你来担任我的虞官吧！"益叩头拜谢，并谦虚地表示要把这项职务让给朱、虎、熊、黑。

▶原文

帝曰："俞！往哉，汝谐。"帝曰："咨！四岳。有能典朕三礼？"佥曰："伯夷。"帝曰："俞，咨！伯，汝作秩宗。夙（sù）夜惟寅，直哉惟清。"伯拜稽首，让于夔（kuí）、龙。帝曰："俞，往，钦哉！"帝曰："夔！命汝典乐，教胄（zhòu）子，直而温，宽而栗，刚而无虐，简而无傲。诗言志，歌永言，声依永，律和声。八音克谐，无相夺伦，神人以和。"夔曰："於！予击石拊石，百兽率舞。"帝曰："龙！朕塈谗说殄（tiǎn）行，震惊朕师。命汝作纳言，夙夜出纳朕命，惟允！"帝曰："咨！汝二十有二人，钦哉！惟时亮天功。"三载考绩，三考黜（chù）陟幽明，庶绩咸熙。分北三苗。舜生三十征，庸二十，在位五十载，陟（zhì，登高）方乃死。

▶译文

舜说："好吧！让他们和你一起去负责这项工作吧！"舜说："唉！四方诸侯之长啊！有谁能替我主持祭祀天神、地祇、人鬼的三礼呢？"大家都说："伯夷可以。"舜说："好吧！伯夷，你来担任祭祀鬼神的职务吧！一早一晚都要恭敬地去祭祀鬼神，祭祀时的陈词要正直而清明。"伯夷叩头拜谢，谦逊地要把这项职务让给夔和龙。舜说："好吧！还是你去担任这项职务吧，一定要恭敬啊！"舜说："夔啊！任命你主持音乐工作，去教导那些年轻人，要把他们教导得正直而温和，宽大而谨慎，性情刚正而不盛气凌人，态度温和而不傲慢。诗是用来表达思想感情的，歌则借助语言把这种感情咏唱出来，唱歌的声音既要根据思想感情，也要符合音律，八类乐器的声音能够和谐地演奏，不要弄乱了相互间的顺序，让神人听了都感到快乐和谐。"夔说："好啊！让我们敲着石磬，奏起音乐来，让那些无知无识的群兽都感动得跳起舞来吧！"舜说："龙啊！我非常讨厌那种说坏话和阳奉阴违的人，因为这种人常常以一些错误的话使我的臣民震惊。我任命你担任纳言，一早一晚，或代我发布命令，或向我汇报下面的意见，都必须实事求是。"舜说："啊！你们二十二人都要恭敬地对待自己的职务，时刻想着接受上天的命令并帮助上天治理臣民。每隔三年，我就要检查一下你们的政绩。经过考查，凡是有功的人，便提拔他；凡是有过错的人，便罢免他。"经过这番整顿，许多工作都振兴起来了，并把三苗流放到边远地方。舜三十岁时被征用，试用二十年后接替了尧的帝位，在位五十年，后南巡，登上了衡山，并在那里去世。

# 皋陶谟

▶原文

曰若稽古。皋陶曰："允迪厥德，谟（mó，计划）明弼谐。"禹曰："俞！如何？"皋陶曰："都！慎厥身，修思永。惇叙九族，庶明励翼，迩（ěr）可远，在兹。"禹拜昌言曰："俞！"

皋陶曰："都！在知人，在安民。"禹曰："吁！咸若时，惟帝其难之。知人则哲，能官人。安民则惠，黎民怀之。能哲而惠，何忧乎驩兜，何迁乎有苗？何畏乎巧言、令色、孔壬？"

▶译文

传说皋陶和禹在帝舜面前，讨论过治理国家的事情。皋陶说："相信并按照先王的道德处理政务，这样就能够使谋略实现，大臣之间也就能团结一致，同心同德了。"禹说："对啊！怎样才能这样呢？"皋陶说："哦！应当对自己要求严格，努力提高品德修养，并应当从大处着眼，从长远考虑。以宽厚的态度对待同族的人，使他们也贤明起来，努力协助你治理国家，由近及远，先从这里做起。"禹非常佩服这种高明的见解，说："对啊！"

皋陶说："啊！重要的在于知人善任，在于把臣民治理好。"禹说："哎呀！完全做到这些，连帝尧都感到不容易啊！知人善任，那才是有智慧的人，有智慧才能用人得当。要想把臣民治理好，便要普施恩惠，才能使民众归附。既然聪明而有恩德，还怕什么驩兜？何必迁徙流放三苗？又何必害怕那些花言巧语、献媚取宠的共工呢？"

▶原文

皋陶曰："都！亦行有九德。亦言其人有德，乃言曰，载采采。"禹曰："何?"

▶译文

皋陶说："哦！大凡人的德行，有九种。说某人有美好的德行，这样说，必须以许多事实作为依据。"禹说："什么叫作九德?"

▶原文

皋陶曰："宽而栗，柔而立，愿而恭，乱而敬，扰而毅，直而温，简而廉，刚而塞，疆而义。彰厥有常吉哉！"

▶译文

皋陶说："态度豁达，毫不拘束，又能恭敬谨慎；性情温和而又有主见；行为谦逊而又严肃认真；虽有才干，但办事不疏忽；能够接受别人的意见，又不为纷杂的意见所迷惑，而且能刚毅果断；行为正直而态度温和；从大处着眼又能从小处着手；刚正而不鲁莽；强勇而又好义。应该表彰具有这九种美德的人啊。"

▶原文

"日宣三德，夙夜浚明有家。日严祗（zhī，恭敬）敬六德，亮采有邦。翕（xī）受敷施，九德咸事，俊乂在官。百僚师师，百工惟时，抚于五辰，庶绩其凝。无教逸欲，有邦，兢兢业业，一日二日万几。无旷庶官，天工，人其代之。天叙有典，敕我五典五惇哉。天秩有礼，自我五礼有庸哉。同寅协恭和衷哉。天命有德，五服五章哉。天讨有罪，五刑五用哉。政事懋哉。懋哉。天聪明，自我民聪明。天明畏，自我民明威。达于上下，敬哉有土。”

皋陶曰："朕言惠可厎行。"禹曰："俞！乃言厎可绩。"皋陶曰："予未有知，思曰赞赞襄哉！"

▶译文

　　"每天都能在自己的行为中表现出九种德行中的三德来，并且无论早晚，都能恭敬庄重地按照这些道德规范行事，那就可以做卿大夫了。每天都能庄重而恭敬地按九种德行中的六德来约束自己的行动，那就可以协助天子处理政务而为诸侯了。如果天子能够合三德六德而并用之，并用来普遍推行于政教，大凡依据九德行事的人都给以一定的职务，有特殊才能的人都担任官职。文武百官都能互相学习，各方面具体事务的负责人也都能做好自己分内的事情，大家都能够根据五辰的运行、四时的变化来处理政务，这样，许多事业便都可以获得成功了。做诸侯的不使自己产生私欲而贪图享受，要兢兢业业地处理政务。要知道一国之内每天都要发生上万件事件，千万不能麻痹大意。不要虚设各种官职，上天命定的事，应当由人来代替完成。上苍既然安排了君臣、父子、兄弟、夫妇、朋友之间的伦理次序，便应当顺从上苍的意旨，整顿上述五者之间的关系，并使这种关系深厚起来啊！上苍为了区别人与人之间的等次而传下来天子、诸侯、大夫、士、庶人，这五种人分别应该遵从的礼节，做天子的便应大力推广这五种礼节，使君臣之间相互尊重，同心同德办好政务啊！上苍为了使有德的人各称其职，便制定了天子、诸侯、大夫、士、庶人五种服装制度，以分别表彰他们不同的德行；上苍为了惩罚有罪的人，便制定了五种刑罚，分别用来惩罚五种罪人，这些都应当认真执行啊！为了搞好政务，君臣之间可要互相勉励啊！上天听取意见，观察问题，都是从民众中间来的；上天表彰好人，惩罚坏人，也是依据民众的意见来表彰和惩罚的。上天和民众之间是相通的。因此，只有恭敬地处理政务，才能保持住国土。"

皋陶说："我的建议可以实行吗？"禹说："行啊，照你的建议去做必定会获得功绩的。"皋陶说："其实我又知道什么呢？我只是一心想着如何协助帝王治理国家啊！"

▶原文

帝曰："来，禹！汝亦昌言。"禹拜曰："都！帝。予何言？予思日孜孜。"皋陶曰："吁！如何？"禹曰："洪水滔天，浩浩怀山襄陵，下民昏垫。予乘四载，随山刊木，暨益奏庶鲜食。予决九川距四海，浚畎（quǎn）浍（kuài）距川。暨稷播，奏庶艰食，鲜食。懋迁有无化居。烝民乃粒，万邦作乂。"皋陶曰："俞！师汝昌言。"

舜说:"来吧!禹,你也讲一讲你的高见吧。"禹拜谢说:"唉!王啊,我说些什么呢?我只不过整天考虑怎样孜孜不倦地工作罢了。"皋陶说:"那么,你所努力从事的是一些什么工作呢?"禹说:"大水遮蔽了天空,那浩大的洪水啊,包围了大山,冲上了丘陵,周围的人民都被洪水吞没。我乘坐着四种交通工具,沿着勘察的山路,插上木桩作为标记,并且和益一起把打猎得来的鸟兽分发给人民。我带领民众疏通了九州的大河,使水都流入了大海;又疏通了田间小沟,使田地中的水都流到大河中去;又和稷一起,教民众播种百谷,给人民提供了粮食和肉食;又发展贸易以互通有无,人民才得以安居乐业,众多诸侯国才得以治理。"皋陶说:"对啊!你的这些话真是不错呀!"

▶原文

禹曰:"都!帝,慎乃在位。"帝曰:"俞!"禹曰:"安汝止,惟幾惟康。其弼直,惟动丕应。徯(xī,等待)志以昭受上帝,天其申命用休。"

▶译文

禹说:"唉!王啊。你也要谨慎地对待你的帝位啊。"舜说:"是啊!"禹说:"安于您的职守,不可轻举妄动;注意细微事物,方能保全平安。要使得大臣公平正直,不管做什么事情都能处理得当。这样才能以清醒明智的头脑,去接受上天的命令。上天就会一再嘉奖你,非常放心地再把大任交付给你。"

▶原文

帝曰:"吁!臣哉邻哉,邻哉臣哉。"禹曰:"俞!"

▶译文

舜说:"唉!正直的大臣才是我最可亲近的人啊!最可亲近的人,

只有那些正直的大臣啊！”禹说：“是啊！”

▶原文

　　帝曰：“臣作朕股肱耳目。予欲左右有民，汝翼。予欲宣力四方，汝为。予欲观古人之象，日月、星辰、山龙、华虫作会，宗彝、藻火、粉米、黼（fǔ）黻（fú）绨绣，以五采彰施于五色作服，汝明。予欲闻六律五声八音，在治忽，以出纳五言，汝听。予违，汝弼，汝无面从，退有后言。钦四邻。庶顽谗说，若不在时，侯以明之，挞以记之，书用识哉，欲并生哉。工以纳言，时而飏之，格则承之庸之，否则威之。”

▶译文

　　舜说：“正直的大臣应当是我的四肢和耳目。我想引导、帮助百姓，需要你辅佐我。我打算拿出所有的力量治理好政务，讨伐叛逆，成就武功，你就应当努力去实现。我打算观察古人的图画，看他们是怎样用五种颜色把日月、星辰、山、龙、虫、虎和长尾猿、水藻、火、白米、斧形和几何图形绣在丝织品上，以制成各种颜色的服装的。你负责这件事，要从衣服的颜色和图画上显示出地位的高低。我要听到各种不同声调和不同乐器的音乐演奏，从音乐中考察政治得失，并听取各地群众的反映，你负责这件工作。我假如不同意你的意见，你也不要当面顺从我，背后再散布一些表示不满的话。做我最亲近最得力的助手，把左右大臣都紧密地团结起来吧！一些心术不正的坏人，常常散布流言，又反过来谄媚上司。这种情况不是一个人能够看清的，因此上苍设立诸侯国君作为天子的耳目，明察各种弊端。凡是犯了错误，便给以应得的惩罚；或者把他的错误记下来，写在大方板上，再把方板放在犯人的背上，使犯人知道耻辱从而改正错误。这样做是为了使犯人不再犯罪而被判死刑啊！做官的应该广泛地收集群众的意见。凡是好的意见就加以表彰；凡是正确的意见就提上来，以便采纳运用。否则，如果做官的封闭下情，便要给予惩罚。"

▶原文

禹曰："俞哉！帝。光天之下，至于海隅（yú，角落）苍生，万邦黎献，共惟帝臣，惟帝时举。敷纳以言，明庶以功，车服以庸，谁敢不让，敢不敬应？帝不时，敷同，日奏罔（wǎng）功。"

▶译文

禹说："对啊！帝王。你的光辉照耀天下，海内的黎民、万国的贤人，都亲身领受你的恩惠，做你的臣子。如果你能够举用贤人，广泛地听取意见，根据处理政务的情况，实事求是地考察其功德，并根据功劳的大小，分别赐予车马服装，表彰其功德，那么，谁敢不互相谦让？言辞应对之间，谁敢不恭敬地据实报告呢？如果你不是举用贤人，而是好人坏人同等看待，这样就无法建立功业，把国家治理好了。"

▶原文

"无若丹朱傲，惟慢游是好，傲虐是作，罔昼夜额额。罔水行舟，朋淫于家，用殄厥世。予创若时，娶于涂山，辛壬癸甲。启呱呱（gū，哭声）而泣，予弗子，惟荒度土功。弼成五服，至于五千。州十有二师，外薄四海，咸建五长，各迪有功。苗顽弗即工，帝其念哉！"

▶译文

"不要像丹朱那样骄傲自大。丹朱只知道怠惰游玩，他的行为放纵轻浮，不分昼夜地让人用船在浅水中推着他游玩。在家里他更是纵情声色，奢靡腐化。因此，他不能继承尧的帝位。我为他的这些行为感到羞愧。我娶了涂山氏的女儿为妻，婚后仅仅三天便出发治水。等到儿子启生下时，一落地便呱呱地哭着，我虽从门前经过，却不曾进去看看他，因为我用全部精力忙于治水的事情。经过苦心经营，我帮助国王开辟疆土，划分行政区域，规定各地朝贡物品，在王畿之外，根据远近不同分出五种服役地区，一直到距离王城五千里的地方。把全国分为十二个州，每州各选定诸侯中之贤者为州长。疆土扩展，广至四海，并在每五个诸侯国中选定诸侯国君中的贤者为长。这些诸侯之长都能够根据要求建立功业。只有苗民负隅顽抗，不肯服役，因此不能给予官职。王啊！你可要治理那些顽抗不顺的苗民呀！"

▶原文

帝曰："迪朕德，时乃功，惟叙。皋陶方祗厥叙，方施象刑，惟明。"夔曰："戛击鸣球、搏拊、琴瑟以咏！"祖考来格，虞宾在位，群后德让。下管鼗（táo）鼓，合止柷敔，笙镛以间。鸟兽跄跄，《箫韶》九成，凤凰来仪。

▶译文

舜说："我仍要以德教开导他们，如果他们能听从德教，这便是你的功劳了。皋陶正在发布命令，命令全体臣民都要听从你的领导，同时自己在考察案情、使用刑罚时也务求公平得当。"夔说："演奏起玉磬、搏拊、琴瑟以作为歌咏的配乐吧！"先王的灵魂来到了，贵宾们也都就位了，诸侯国君都走上礼堂，互相推让着坐下了。堂下吹起竹制乐器，敲起大鼓和小鼓，击起柷以作为演奏的开始，击起敔以作为演奏的结束。笙和大钟分别在堂下交替着演奏。鸟兽都轻盈地跳起舞来，《箫韶》的音乐演奏了九次，凤凰也成对地飞起来。

▶原文

夔曰："於！予击石拊石，百兽率舞，庶尹允谐！"帝庸作歌，曰："勑天之命，惟时惟几。"乃歌曰："股肱喜哉！元首起哉！百工熙哉！"

▶译文

夔说："啊！让我敲着石磬，奏起乐来，让那些无知无识的群兽都感动得跳起舞来吧！百官互相信任，和睦团结。"舜因而作歌道："努力地遵照上帝的命令行事，每件事情都要小心谨慎。"又歌唱道："大

臣们从内心里愿意办好政务，君主的事业就振兴起来啊！百官也就振作啊！"

▶原文

皋陶拜手稽首，飏（yáng）言曰："念哉！率作兴事，慎乃宪，钦哉！屡省乃成，钦哉！"乃赓载歌曰："元首明哉！股肱良哉！庶事康哉！"又歌曰："元首丛脞（cuǒ，小而繁）哉！股肱惰哉！万事堕哉！"帝拜，曰："俞，往钦哉！"

▶译文

皋陶叩头行礼，接着便继续说道："应该把国君的教导记在心里啊！国君处处作为臣民的表率，百事就振兴起来了。谨慎地对待你自己立下的法度，对于法度可要恭敬啊！不断地检查自己的言行，事业就会获得成功，可要恭敬啊！"于是又继续歌唱道："国君圣明啊！大臣贤能啊！诸事安宁啊！"又歌唱道："国君把精力放在微不足道的小事上，大臣们懈怠下来，政务必定办不好！"舜行礼答谢说："对啊！望你们恭谨地各赴其职吧！"

# 夏 书

## 禹 贡

▶原文

禹敷土，随山刊木，奠高山大川。

冀州：既载壶口，治梁及岐。既修太原，至于岳阳。覃怀底绩，至于衡漳。厥土惟白壤，厥赋惟上上，错；厥田惟中中。恒、卫既从，大陆既作。岛夷皮服，夹右碣（jié）石入于河。

▶译文

禹为了区分九州的疆界，便在经过的山上插上木桩作为标记，用高山大河确定九州州界。

冀州：壶口的水利工程已经结束了，便开始开凿梁山和岐山。太原周围的河道也整治完毕，一直修到太岳山的南面。覃怀一带的水利工程也取得很大成效，从这向北一直修到横流的漳河，一些河道也都得到了治理。这里是一片白色而土质松软的田地，这里的臣民应出一等赋税，也可夹杂出二等赋税，这里的土地属第五等。恒水、卫河也已疏通，其水可以流入大海，大陆泽的工程也开始动工。沿海一带诸侯进贡皮服时，可从碣石山进入黄河来进贡。

▶原文

济河惟兖（yǎn）州：九河既道，雷夏既泽，灉沮会同。桑土既蚕，是降丘宅土。厥田黑坟，厥草惟繇，厥木惟条。厥土惟中下，厥赋贞，作十有三载乃同。厥贡漆、丝，厥篚织文。浮于济、漯（tà），达于河。

▶译文

济水黄河一带是兖州地区：黄河下游的九条支流都疏通了，雷夏也已经成为湖泽，灉水、沮水汇合流入雷夏。水退以后土地能够种植桑，因而可以养蚕了，因此人民便从小土山上搬下来，住在平地上。这里是一片黑色的沃土，这里的草已经冒出新芽，树木也已经长出细细的枝

条。这里的土地属第六等，这里的人民缴纳第九等赋税。开垦十三年之后，再和其他州的赋税相同。这里的人民应当进贡漆和丝一类的物品，并且要将丝织品染成各种花纹，放在竹篮子里进贡。进贡的船只，可由济水、漯水进入黄河。

▶原文

海、岱惟青州：嵎夷既略，潍、淄其道。厥土白坟，海滨广斥。厥田惟上下，厥赋中上。厥贡盐绨（chī），海物惟错。岱畎丝、枲、铅、松、怪石。莱夷作牧。厥篚檿丝。浮于汶（wèn），达于济。

横跨渤海并向东至泰山，这是青州地区：嵎夷的水利工程只花了较少的力量便完成了，潍河与淄河的故道都已经疏通。这里是一片白色而且肥沃的土壤，沿海的广大地区都是这种盐碱地。这片土地的质量在九州中属第三等，其赋税是第四等。这里的人民应该进贡盐、细葛布和各种各样的海产品。泰山一带要进贡丝、麻、铅、松树和奇特美好的怪石。莱山的外族可以从事放牧，还要把山桑和丝放在筐内运来作为贡品。进贡的路线由汶水直入济水（再由济水转入黄河）。

►原文

　　海、岱及淮惟徐州：淮沂其乂，蒙、羽其艺，大野既猪，东原底平。厥土赤埴（zhí，黏土）坟，草木渐包。厥田惟上中，厥赋中中。厥贡惟土五色，羽畎夏翟，峄阳孤桐，泗（sì）滨浮磬。淮夷玭珠暨鱼，厥篚玄纤缟。浮于淮、泗，达于河。

►译文

东起黄海，南至淮河，北到泰山，这是徐州地区：淮河和沂水都已经得到治理，蒙山和羽山一带的土地，也许要种植庄稼了，大野泽已容纳四周的流水成为湖泊，东原一带的土地也可以耕种了。这里是一片高起的土性较黏的红土地，草木也逐渐茂盛起来。这里土地的质量在九州之中属第二等，应该缴纳第五等的赋税。这里的人民应该进贡五色土，羽山的山谷要进贡五彩山雉，峄山的南面要进贡其特产桐木，泗水边的人民要进贡泗水中可以制磬的石料，淮河一带的人民进贡蚌珠和鱼类，同时还要把纤细的黑绸和白绢放在筐内作为贡物献来。进贡的路线由淮河入泗水而后入黄河。

►原文

　　淮、海惟扬州：彭蠡（lǐ）既猪，阳鸟攸（yōu）

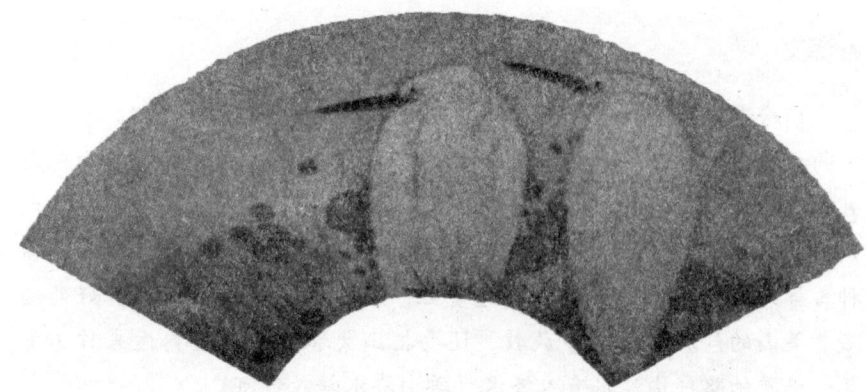

居。三江既入，震泽底定。篠簜既敷，厥草惟夭，厥木惟乔。厥土惟涂泥。厥田惟下下，厥赋下上，上错。厥贡惟金三品，瑶、琨（kūn）、篠、簜、齿、革、羽、毛惟木。岛夷卉服，厥篚织贝，厥包桔柚，锡贡。沿于江、海，达于淮、泗。

▶译文

　　北至淮河，南至黄海，这是扬州地区：彭蠡泽已经储蓄了又多又深的水，南方岛屿上的人们也可以在上面安居乐业了。浩浩的长江已经流入大海，震泽的水利工程也已获得成功。小竹和大竹普遍生长起来，原野的草生长得很茂盛，树木也都长得很高。这里是一片低洼潮湿的土地，土地的质量在九州中属第九等，这里的人民缴纳第七等赋税，也可以间杂缴纳第六等的赋税。其贡品是金、银、铜三种金属，还有美玉、美石、小竹、大竹、象牙、犀牛皮、鸟羽和旄牛尾。海岛上的外族进贡草制的衣服，贝纹锦要放在竹筐内，橘子和柚子打成包裹作为贡品进献。进贡的路线沿长江两岸者由长江入淮河，由淮河入泗水。沿海各地则顺着海岸进入长江，由长江入淮河，再由淮河入泗水。

▶原文

　　荆及衡阳惟荆州：江、汉朝宗于海，九江孔殷。沱（tuó）潜既道，云土梦作乂。厥土惟涂泥，厥田惟下中，厥赋上下。厥贡、羽、毛、齿、革，惟金三品，杶、干、栝、柏、砺、砥、砮、丹。惟菌簵、楛，三邦厎贡厥名；包匦菁茅，厥篚玄纁、玑（jī）组，九江纳锡大龟。浮于江、沱、潜、汉，逾于洛，至于南河。

▶译文

从荆山到衡山南面是荆州地区：长江和汉水共同流入大海，许多长江支流的水集中在洞庭湖一带，水势大极了！长江的支流和汉水的支流也都已经疏通了，云梦泽一带的土地也大都可以耕种了。这里也是一片低洼潮湿的土地，土地的质量在九州中属第八等，应该缴纳第三等赋税。应该进贡雉羽、旄牛尾、象牙、犀牛皮和金、银、铜三种金属，以及椿树、柘木、桧树、柏树四种木材，还有磨刀的石头、制箭头的石头、丹砂和竹笋、美竹、楛木等。州内各国都献上当地的特产，将带有毛刺的茅草放在匣内包装起来，把黑色的、绛色的绸缎和珍珠、丝带子一类东西放在竹筐内，一并贡来。沿江一带及长江的许多支流地区还要贡上大龟。运输贡品的船只顺着长江、沱水、潜水、汉水航行，然后登岸由陆路到洛水，再由洛水进入黄河。

▶原文

荆、河惟豫州：伊、洛、瀍、涧既入于河，荥波既潴。导荷泽，被孟猪。厥土惟壤，下土坟垆。厥田惟中上，厥赋错上中。厥贡漆、枲、絺、纻（zhù），厥篚纤、纩，锡贡磬错。浮于洛，达于河。

▶译文

从荆山到黄河，这是豫州地区：伊水、洛水、瀍水、涧水都流入黄河。荥波泽已经治理好，可以贮存大量的河水，使河水不致横溢了。荷泽与孟猪泽之间也疏通了，只有水势极大的时候才可能覆被孟猪泽。这一带的土壤很松软，下层泥土却肥沃而且又黑又硬。这片耕地在九州之中属第四等，应该缴纳第二等赋税，间或缴纳第一等赋税。应进贡漆、麻、细葛布、纻麻，细绢与细绵用筐子装起来和磨制玉器的磨石一并献来。进贡的路线由洛水直入黄河。

▶原文

华阳、黑水惟梁州：岷（mín）、嶓既艺，沱、潜既道。蔡、蒙旅平，和夷底绩。厥土青黎。厥田惟下上，厥赋下中，三错。厥贡璆、铁、银、镂、砮、磬，熊、罴、狐、狸、织皮。西倾因桓是来。浮于潜，逾于沔，入于渭，乱于河。

▶译文

从华山的南面西至黑水，是梁州地区：岷山和嶓冢山都已经能够种庄稼了，沱江和潜水也都疏通了。蔡山和蒙山的工程也已完工，和水流域外族居住区也前来报告治理的成绩。这里是一片黑色的土地，土地的质量在九州之中属第七等，应缴纳第八等赋税，也可间或缴纳第七等与第九等赋税。要进贡美玉、铁、银、刚铁、硬石和磬以及狗熊、马熊、狐狸、山猫四种兽皮以及毛织品。这里的贡物可由西倾山区顺着桓水前来，经过汉水支流与沔水，由沔水进入渭水，由渭水横渡入黄河。

▶原文

黑水、西河惟雍州：弱水既西，泾属渭汭。漆、沮既从，沣水攸同。荆、岐既旅，终南、惇物，至于鸟鼠。原隰（xí）底绩，至于猪野。三危既宅，三苗丕叙。厥土惟黄壤，厥田惟上上，厥赋中下。厥贡惟球、琳、琅（láng）玕。浮于积石，至于龙门西河，会于渭汭。织皮昆仑、析支、渠搜，西戎即叙。

▶译文

从黑水到西河是雍州地区：弱水在疏通之后，便向西流去；泾水已经疏通，从北面流入渭河；漆水和沮水在疏通之后，从北面流入渭河，沣水从南面流入渭河。荆山和岐山的工程已经完工，终南山、惇物山一直到鸟鼠山的水利工程都已经全部竣工。平原一带一直到猪野泽的水利工程都取得了很大成绩。三危山已经可以安居了，因而三苗人民得到了很好的安置。这里是一片黄色的土壤，土地的质量在九州中属第一等，这里的人民应该缴纳第六等赋税。应该进贡的是美玉、美石和宝珠一类物品。进贡的路线由积石山附近进入黄河，顺流至龙门、西河，所有运送贡物的船只聚集在河流相交处。昆仑、析支、渠搜等西戎各族都要按照规定进贡毛织品。

▶原文

导岍（qiān）及岐，至于荆山，逾于河。壶口、雷首至于太岳。底柱、析城至于王屋。太行、恒山至于碣石，入于海。西倾、朱圉、鸟鼠至于太华。熊耳、外方、桐柏至于陪尾。导嶓冢（zhǒng）至于荆山，内方至于大别。岷山之阳至于衡山，过九江，至于敷浅原。导弱水至于合黎，馀波入于流沙。导黑水至于三危，入于南海。

▶译文

　　疏通了岍山和岐山，一直凿到荆山，穿过黄河，其间从壶口山、雷首山一直到太岳山都得到了开凿。从砥柱山、析城山到王屋山，再从太行山、恒山一直到碣石的水利工程都得到了很好的治理，黄河得以畅流入海了。由西倾山、朱圉山、鸟鼠山到太华山。再由熊耳山、外方山、桐柏山一直到陪尾山的水利工程都得到了治理。从嶓冢山到荆山，从内方山到大别山也都得到了疏通和开凿。从岷山的南面到衡山，越过九江，一直到鄱阳湖一带的水利也都得到了治理。把弱水疏通到合黎山，下游流入沙漠地带。把黑水疏通到三危山，下游流入南海。

▶原文

　　导河、积石至于龙门，南至于华阴，东至于厎柱，又东至于孟津，东过洛汭，至于大伾，北过降水至于大陆，又北播为九河，同为逆河，入于海。

▶译文

　　又疏导黄河，先在积石山施工，一直开凿到龙门山；又向南到华山的北面，然后向东经过厎柱山、孟津、洛水的弯曲处到大伾山；然后又折转向北，途经降水，到大陆泽；再向北分为九条支流，这九条支流共同承载着黄河的大水，把它顺利地导入大海。

▶原文

　　嶓冢导漾，东流为汉，又东为沧浪之水；过三澨至于大别，南入于江；东汇泽为彭蠡，东为北江，入于海。

▶译文

　　从嶓冢山开始疏导漾水，向东流则为汉水，再向东流便是沧浪水；

经过三澨水，到达大别山，向南流入长江。向东便汇成大泽，即彭蠡泽；向东称北江，然后由长江流入大海。

▶原文

　　岷山导江，东别为沱，又东至于澧（lǐ），过九江至于东陵，东迤北会于汇，东为中江，入于海。导沇水，东流为济，入于河，溢为荥；东出于陶丘北，又东至于菏；又东北会于汶；又北东入于海。导淮自桐柏，东会于泗、沂（yí）东入于海。导渭自鸟鼠同穴，东会于入沣，又东会于泾；又东过漆。

▶译文

　　从岷山开始疏导长江，向东则分出一条支流称沱水；再向东到澧水；经过九江到了东陵，然后蜿蜒斜行，东北和淮水相会；向东则为长江，然后流入大海。疏导沇水，东流则名为济水，然后流入黄河，河水流溢而成为荥泽；然后自陶丘的北面向东流去，一直流入菏泽；再向东北和汶水相会，又向北流，然后反转向东流入大海。从桐柏山开始疏导淮河，向东和泗水、沂水相会，再向东流入大海。从鸟鼠山开始疏导渭水，向东和沣水相会，再向东和泾水相会；然后向东经过漆水、沮水流入黄河。

▶原文

　　导洛自熊耳，东北会于涧、瀍，又东会于伊，又东北入于河。九州攸同：四隩既宅，九山刊旅，九川涤源，九泽既陂，四海会同。六府孔修，庶土交正，底慎财赋，咸则三壤成赋。中邦锡土、姓："祗台德先，不距朕行。"

▶译文

　　从熊耳山开始疏导洛水，向东北则与涧水、瀍水相会；又向东和伊水相会，然后从东北流入黄河。九州水利工程都已经完工：四方的土地都可以居住了，九州的大山都已经开凿治理，九州的河流也都已疏通，九州的大泽也都筑起堤防，不至于决堤了，海内的贡道都畅通无阻了。六府的政务都治理得非常好，九州的土地都得到了正确的考察，并根据各地区土地质量，谨慎地规定了不同的赋税，各地人民都要根据土质优劣的三种规定交纳赋税。九州之内的土地都分封给诸侯并赐之以姓氏。"诸侯们应该把尊敬我的德行放在第一位，不准违背我所推行的德教。"

▶原文

　　五百里甸服：百里赋纳总，二百里纳铚，三百里纳秸服，四百里粟，五百里米。五百里侯服：百里采，二百里男邦，三百里诸侯。五百里绥服：三百里揆（kuí）文教，二百里奋武卫。五百里要服：三百里夷，二百里蔡。五百里荒服：三百里蛮，二百里流。东渐于海，西被于流沙，朔、南暨声教，讫（qì）于四海。禹锡玄圭，告厥成功。

▶译文

　　王城以外的五百里属于甸服。相距王城一百里者，将割下的庄稼贡来；二百里者，将庄稼的穗头贡来；三百里者，将庄稼脱去芒尖贡来；四百里者贡粟；五百里者贡米。甸服以外五百里为侯服。其间百里者，人民为国王服各种劳役；二百里者，人民为国王服规定的劳役；三百里以外者，人民主要担任戍守之责。侯服以外的五百里为绥服。其间三百里以内者要设立掌管文教的官来推行文教；二百里的人民要勤奋地熟悉武事，以便保卫国王。绥服以外的五百里为要服。其间三百里以内的人民要服从于其他地方大体相同的政令；二百里的人民，可以依次减轻其赋税。要服以外的五百里为荒服。对其间三百里以内的人民的各种要求可以从简；二百里的人民可以流动迁移。东面到大海，西面到沙漠地带，从北方到南方，四海之内都受到了国王的德教。因此帝舜赐给禹以元圭，用以表彰禹所完成的巨大功业。

## 甘 誓

▶原文

　　大战于甘，乃召六卿。王曰："嗟！六事之人，予誓告汝：有扈（hù）氏威侮五行，怠弃三正，天用

参天尽物

剿绝其命，今予惟恭行天之罚。左不攻于左，汝不恭命；右不攻于右，汝不恭命。御非其马之正，汝不恭命。用命，赏于祖。弗用命，戮于社，予则孥戮汝。"

▶译文

夏启将要在甘地进行一场大规模的战争，于是便召集了六军的将领。夏启王说："啊！六军的全体将士，我向你们发出以下的命令：有扈氏轻慢洪范大法，废弃建子、建丑、建寅三种正朔，因此上天要灭绝他的国运，现在我奉行上天的意旨去惩罚他。兵车左边的兵士，如果不熟悉用箭射杀敌人，就是不遵守命令；军车右边的兵士如果不善于用矛刺杀敌人，便是不遵守命令；驾驶战车的士兵不懂得驾驭战马的技术，也是不遵守命令。努力完成命令的，便在先祖的神位面前颁发赏赐；不执行命令的，便在社神面前给他以惩罚，我要把那些不听从命令的人杀死或贬为奴隶，以表示惩罚。"

# 商 书

## 汤 誓

▶原文

王曰："格，尔众庶！悉听朕言。非台小子敢行称乱！有夏多罪，天命殛之。今尔有众，汝曰：'我后不恤我众，舍我穑（sè）事而割正夏。'予惟闻汝众言，夏氏有罪，予畏上帝，不敢不正！今汝其曰：'夏罪其如台？'夏王率遏众力，率割夏邑。有众率怠弗协，曰：'时日曷丧？予及汝皆亡！'夏德若兹，今朕必往。尔尚辅予一人，致天之罚。予其大赉（lài，赏赐）汝！尔无不信，朕不食言。尔不从誓言，予则孥戮汝，罔有攸赦。"

▶译文

王说："来吧！诸位，你们都要服从我。不是我大胆发动战争，是因为夏王犯了许多罪行，上天命令我前去讨伐他。现在，你们大家常说：'我们的国君太不体贴我们了，把我们种庄稼的事都舍弃了，犯了这样的大错，怎么可能纠正别人的过错呢？'我听到你们说了这些话，知道夏桀犯了许多罪行，我怕上天发怒，不敢不讨伐夏朝。现在你们将要问我说：'夏桀的罪行究竟怎样呢？'夏桀一直要人民负担沉重的劳役，人民的力量都用光了，还在国内残酷地剥削压迫人民，人民对夏桀的统治极度不满。大家都怠于事上，对国君的态度很不友好，说：'你

参天尽物

这个太阳呀，为什么不消失呢！我愿意和你一块死去！'夏朝的统治，已经坏到这种程度，现在我下决心要去讨伐他。你们只要辅助我，奉行上天的命令讨伐夏朝，我就要大大地奖赏你们！你们要相信，我是决不会食言的。假若你们不服从我的话，我就要惩罚你们，让你们当奴隶，决不宽恕。"

## 高宗肜日

▶原文

高宗肜（róng）日，越有雊（gòu，野鸡叫）雉。祖己曰："惟先格王，正厥事。"乃训于王。曰："惟天监下民，典厥义。降年有永有不永，非天夭民，民中绝命。民有不若德，不听罪。天既孚命，正厥德，乃曰：'其如台？'呜呼！王司敬民，罔非天胤，典祀无丰于昵。"

▶译文

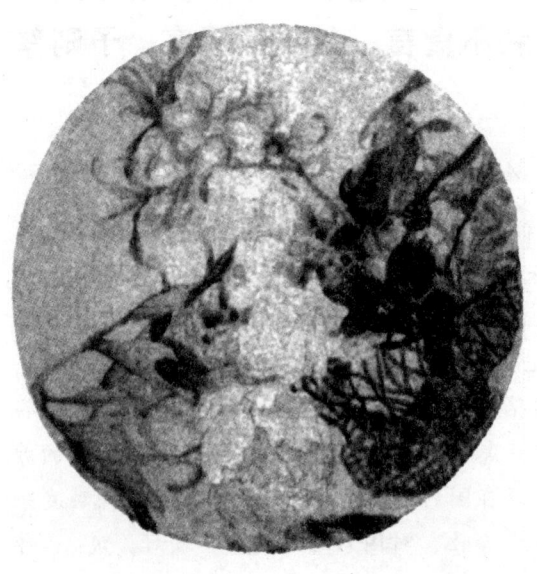

在祭祀商高宗武丁后的第二天，又举行了祭祀，这时有一只雄雉飞到鼎耳上鸣叫。祖己说："首先要端正王心，然后端正祭典。"于是训导商王祖庚。他说："上天考察下民，主要看他是否遵循义理行事。上天赐予人的年龄有长有短，不是上天有意缩短人的生命，而是臣民自己行为不合义理招致短命的。臣民中有的不按照义理办事，又不反省自己的罪过，上天使惩罚他以端正他的德行，他却说：'天又能把我怎么样呢？'这不晚了吗？唉！王啊，要恭敬地对待上天赐给你的臣民，他们都是上苍的后代，祭祖的时候，在自己的父庙中的祭品不要过于丰盛。"

## 西伯戡黎

▶原文

西伯既戡黎，祖伊恐，奔告于王。曰："天子！天既讫我殷命。格人元龟，罔敢知吉。非先王不相我后人，惟王淫戏用自绝。故天弃我，不有康食。不虞天性，不迪率典。今我民罔弗欲丧，曰：'天曷（通"何"）不降威？'大命不挚，今王其如台？"王曰："呜呼！我生不有命在天？"祖伊反曰："呜呼！乃罪多，参在上，乃能责命于天？殷之即丧，指乃功，不无戮于尔邦！"

▶译文

姬昌战胜黎国，祖伊十分恐惧，连忙把这件事告诉给殷王纣。祖伊说："王啊！上天已经终止了我们殷国的大命。那深知天命的圣人，用大龟来占卜，始终没有遇上吉兆。这不是先王不愿帮助我们这些后人，只是因为王沉湎于酒色之中而自绝于先王啊！因此，上天抛弃了我们，降下灾荒惩罚我们，使我们没有饭吃。这都是因为我们不能揣度上天的性情，不去遵守常法啊！现在我们的臣民没有不想要我们早些灭亡的，他们说：'上天为什么还不降下惩罚呢？'要知道天命是无常的啊！大王现在想怎么办呢？"王说："唉！我是从上天那里接受大命的，老百姓能够把我怎么样呢？"祖伊反驳道："唉！您的许多罪行已为上天所了解，而您却说您是从上天那里接受大命。殷国马上就要灭亡，这从您的所作所为就可以看出来了，您能够不被周国消灭吗？"

# 微 子

▶原文

　　微子若曰："父师、少师！殷其弗或乱正四方。我祖厎遂陈于上，我用沈酗于酒，用乱败厥德于下。殷罔不小大，好草窃奸宄，卿士师师非度。凡有辜罪，乃罔恒获；小民方兴，相为敌仇。今殷其沦丧，若涉大水，其无津涯。殷遂丧，越至于今！"曰："父师、少师，我其发出狂？吾家耄逊于荒？今尔无指告，予颠隮（jī，倾覆）若之何其？"

▶译文

　　微子这样说："父师、少师啊！我们殷国难道没有办法治理四方了吗？我们的高祖成汤过去成就了许多伟大的功业。而今天我们的国君却沉湎于酒色之中，败坏了我们高祖的优良传统。我们殷国，无论大小官员都好为非作歹，卿士百官都不遵守法典。对那些犯罪的人也不加以逮捕和惩罚，人民受不了这些压迫，将要起来反抗我们，和我们对敌。现在我们殷国将要灭亡了，好比涉渡大水，两岸茫无际涯，找不到渡口。我们殷国大概到了今天就要灭亡了。"微子又说："父师、少师啊！我将被废弃而出亡在外，还是住在家中安然避居荒野呢？现在你们能不能指点我一下，殷商就要灭亡了，该怎么办才好啊？"

▶原文

　　父师若曰："王子！天毒降灾荒殷邦，方兴沈酗于酒，乃罔畏畏，咈（fú，违逆）其耇（gǒu，老年人）长、旧有位人。今殷民乃攘窃神祇之牺牷牲用以容，将食无灾。降监殷民，用乂仇敛，召敌仇不怠。罪合于一，多瘠罔诏。商今其有灾，我兴受其败；商其沦丧，我罔为臣仆。诏王子：出迪！我旧云：刻子、王子弗出，我乃颠陨。自靖！人自献于先王，我不顾，行遁。"

▶译文

父师这样说："王子啊！上天降下大祸给我们殷国，使我们的国君沉湎在酒色里，使他不怕上天的威严，不听从年长德高的大臣的劝告。现在我们殷国的小民去盗窃祭神的贡物，这是因为他们衣食无着，虽则有罪，还是可以原谅的。他们把这些贡物拿去吃掉，不会有什么灾害。

参天尽物

现在上天正在视察我们的殷民，我们的国王以杀戮和重刑大肆搜刮民财，虽然引起了人民的强烈反对，但他仍乐此不疲。这些罪恶都是国王一人干出来的，小民受尽了疾苦而无处申诉。国家现在呈露出突变的征兆，我们应起来铲除祸端；如果国家灭亡了，我们没有做别国臣仆的权利。我曾告诉过箕子，让他转告王子两人一起出逃，王子不愿，这样我们国家就要彻底灭亡了。大家自作主张吧！每个人都要献身于先王的事业，我也不再多考虑了，我要走了。"

# 周 书

## 牧 誓

▶原文

时甲子昧爽，王朝至于商郊牧野，乃誓。

王左杖黄钺（yuè，古代兵器），右秉白旄以麾，曰："逖（tì，远）矣！西土之人！"

王曰："嗟！我友邦冢君、御事，司徒、司马、司空、亚旅，师氏，千夫长、百夫长，及庸、蜀，羌、髳，微、卢、彭、濮人。称尔戈，比尔干，立尔矛，予其誓。"

▶译文

在甲子日的黎明时刻，武王率领军队到了商的首都朝歌郊外一个叫作牧野的地方，就在那里举行誓师大会。

武王左手拿着黄色的青铜大斧，右手拿着指挥用的白色的旗子，说："辛苦了，你们这些来自西方远道出征的将士。"

武王说："啊！我们尊敬的友邦国君以及诸位官员和各部落出征的将士们，举起你们的戈，排好你们的盾，立好你们的矛，我们的誓师大会就要开始了。"

▶原文

王曰："古人有言曰：'牝鸡无晨；牝鸡之晨，惟家之索。'今商王受，惟妇言是用，昏弃厥肆祀，弗答；昏弃厥遗王父母弟，不迪。乃惟四方之多罪逋逃，是崇是长，是信是使，是以为大夫卿士，俾暴虐于百姓，以奸宄于商邑。今予发，惟恭行天之罚。

"今日之事，不愆于六步七步，乃止齐焉。夫子勖哉！不愆于四伐、五伐、六伐、七伐，乃止齐焉。勖哉夫子！尚桓桓，如虎如貔（pí，猛兽），如熊如罴，于商郊。弗迓克奔，以役西土。勖哉夫子！尔所弗勖，其于尔躬有戮！"

▶译文

武王说："古人说过：'母鸡是不应当在早晨打鸣的；如果母鸡在早晨打鸣，这个家庭就要败落了。'现在商王纣只是听信妇人的话，轻蔑地抛弃了对祖宗的祭祀，对于祭祀的大事不闻不问；昏庸无道，竟然对同宗的长辈和同宗的弟兄不加进用，反而只对四方许多逃亡的罪人崇敬、提拔、信任、使用，任用这些人做卿、士大夫一类的官。他们残暴地对待百姓，在商的国都任意犯法作乱。现在我姬发恭敬地按照上天的意志来讨伐商纣了。

"今天的这场战斗，在行进中不超过六步、七步就停下来，把队伍整顿一下。勇敢的战士们，努力吧！在刺杀中，不超过四次、五次、六次、七次，刺杀就停下来，休整一下。努力吧，勇敢的战士们！要威武雄壮，像虎、豹、熊、黑一样勇猛，在殷商国都的郊外大战一场。不要杀掉殷商军队中前来投降的人，以便使这些人为我们服务。努力吧！勇敢的战士们，假如你们不努力作战，我就要把你们杀掉！"

## 洪 范

▶原文

惟十有三祀，王访于箕子。王乃言曰："呜呼！箕子。惟天阴骘（zhì，安定）下民，相协厥居，我不知其彝伦攸叙。"

箕子乃言曰："我闻在昔，鲧陻洪水，汩陈其五行。帝乃震怒，不畀洪范九畴，彝伦攸斁。鲧则殛死，禹乃嗣兴。天乃锡禹洪范九畴，彝伦攸叙。"

▶译文

周文王十三年，武王拜访箕子，咨询政事。武王说道："唉！箕子，是上天繁衍了下界的臣民，要他们和睦地居住在一起，我不知道上天使下界臣民各安所居的常理究竟有哪些？"

箕子回答说："我听说在过去鲧采取堵塞的办法治理洪水，结果扰乱了上天所创造的五行的规律。上天大怒，就没有把九种大法传给他，因而使臣民和睦相处的那种治国安民的常理遭到了破坏。后来鲧在流放中死去了，禹便继承父业继续治理洪水，上天把那九种大法传给了禹，因而禹便掌握了这种使臣民和睦相处的治国安民的常理。"

▶原文

"初一曰五行，次二曰敬用五事，次三曰农用八政，次四曰协用五纪，次五曰建用皇极，次六曰乂用三德，次七曰明用稽疑，次八曰念用庶征，次九曰向用五福，威用六极。

▶译文

"第一，五行的利用；第二，恭敬地做好五方面的事情；第三，努力办好八方面的政务；第四，根据日月运行的情况来校订历法，使之与日月的运行相吻合，从而正确地使用五种计时方法；第五，建立君王的法则；第六，推行三种治理臣民的办法；第七，要明辨是非，就必须采用一种解决疑难问题的方法；第八，要用心审察各种征兆；第九，要用五种幸福劝人为善，要用六种惩罚戒人作恶。

▶原文

"一、五行：一曰水，二曰火，三曰木，四曰金，五曰土。水曰润下，火曰炎上，木曰曲直，金曰从革，土爰稼穑。润下作咸，炎上作苦，曲直作酸，从革作辛，稼穑作甘。"

▶译文

"一、五行：第一叫作水，第二叫作火，第三叫作木，第四叫作金，第五叫作土。水向下面润湿，火向上面燃烧，木可以弯曲或伸直，金在熔化后可以根据人的要求变成不同形状，土可以生长庄稼。向下面润湿的水，它的味道是咸的；向上面燃烧的火，它的味道是苦的；可以弯曲或伸直的木，它的味道是酸的；在熔化后可以根据人的要求变成不同形状的金，它的味道是辣的；土地上生长的庄稼，它的味道是甜的。"

▶原文

"二、五事：一曰貌，二曰言，三曰视，四曰听，五曰思。貌曰恭，言曰从，视曰明，听曰聪，思曰睿。恭作肃，从作义，明作哲，聪作谋，睿作圣。"

▶译文

"二、五方面的事情：一是态度，二是语言，三是观察，四是听闻，五是思考。态度要恭敬，言语要合乎道理，观察要清楚明白，听取意见要聪敏，思考问题要通达。态度恭敬，天下的人就会严肃；言语合乎道理，天下就会大治；观察事物清楚明白，就不会受到蒙蔽；听取意见聪敏，就不会打错主意；考虑问题通达，就可以成为圣人。"

▶原文

"三、八政：一曰食，二曰货，三曰祀，四曰司空，五曰司徒，六曰司寇，七曰宾，八曰师。
"四、五纪：一曰岁，二曰月，三曰日，四曰星辰，五曰历数。

"五、皇极：皇建其有极。敛时五福，用敷锡厥庶民，惟时厥庶民于汝极。

"锡汝保极：凡厥庶民，无有淫朋，人无有比德，惟皇作极。凡厥庶民，有猷有为有守，汝则念之；不协于极，不罹于咎，皇则受之。而康而色，曰：'予攸好德'，汝则锡之福。时人斯其惟皇之极。无虐茕（qióng）独，而畏高明。人之有能有为，使羞其行，而邦其昌。凡厥正人，既富方谷，汝弗能使有好于而家，时人斯其辜。于其无好德，汝虽锡之福，其作汝用咎。

"无偏无陂，遵王之义；无有作好，遵王之道；无有作恶，遵王之路。无偏无党，王道荡荡；无党无偏，王道平平；无反无侧，王道正直。会其有极，归其有极。曰：皇极之敷言，是彝是训，于帝其训。凡厥庶民，极之敷言，是训是行，以近天子之光。曰：天子作民父母，以为天下王。"

▶译文

"三、八方面的政务：一是农业生产，二是商业贸易，三是祭祀，四是管理臣民的居住交通，五是管理教育，六是管理司法，七是接待宾客，八是管理军务。

"四、五种计时方法：一是年，二是月，三是日，四是星辰，五是历法。

"五、君王的法则：天子应当建立起至高无上的原则。要把这五种幸福集中起来，一并赏赐给臣民。这样，臣民就会对天子所建立起来的原则表示拥护，天子也就能够要求他的臣民遵守以下原则。"

"让臣民们遵守原则的方法：凡是臣民，都不允许结党营私，为非作歹；只要人们不结成私党，那就会把天子所建立的原则作为最高准则。凡是臣民都应当为天子谋虑，为天子办事，都应当根据天子所建立的原则要求自己，你要牢记这一点。虽然他们的作为有时不合于最高原则，但只要还没有达到犯罪的程度，天子就应当宽容他。假如有人态度谦恭地告诉你说：'我所爱好的就是你所建立的道德规范。'你就应当赏赐他一些好处。这样，人们就会把帝王所建立的道德规范当做至高无上的准则而加以遵守了。不要虐待那些无依无靠的人，然而，对那些高贵显赫的贵族却要畏惧。人们中有能力、有作为的，便应当让他们继续发展其才能，提高其德行，这样你的国家就会繁荣富强了。凡是做官的，都应当给他们以丰厚的待遇，使他们又富又贵。假如你不能让你的臣下为王室作出贡献，这样的臣下就将走上邪路。对于那些不喜好你所建立的道德规范的人，你虽然赏赐给他许多好处，但他一定还会给你带来许多灾害。

不应当有任何的偏颇，要完全遵照你所建立的规范行事；不要有任何私心偏爱，要完全遵照你所确定的道路前进；不要为非作歹，要根据你所指出的正路要求自己；没有偏私，没有朋党，道路就是广阔的；没有朋党，没有偏私，道路就是通畅的；不要违反王道，不要违犯法律，道路就是正直的。要任用那些能够按照王道的准则办事的人为官吏，以便使所有臣民都能遵守王道的最高准则。所以说，天子所宣布的至高无上的准则，就是要经常遵守的法令，就是天子的教导，这个教导是符合上天的意旨的。凡是臣民都应当把天子所宣布的准则当作最高准则，只要按照这个最高准则行事的，就算是对天子的服从。所以说，天子应当像做臣民的父母一般，来做天下臣民的君主。"

▶原文

"六、三德：一曰正直，二曰刚克，三曰柔克。平康正直，强弗友刚克，燮（xiè，调和）友柔克。沈潜刚克，高明柔克。惟辟作福，惟辟作威，惟辟玉食。臣无有作福、作威、玉食。臣之有作福、作威、玉食，其害于而家，凶于而国。人用侧颇僻，民用僭忒（tè，差错）。"

▶译文

"六、三种治理臣民的办法：一是能够端正人的曲直；二是以刚取胜；三是以柔取胜。要想使国家太平无事，就必须使人正直。对于那些强硬而不能亲近的人，必须用强硬的办法镇压他们；对那些可以亲近的人，就用柔和的办法对待他们。对下面的小人，必须镇压；对高贵显赫的贵族必须柔和。只有天子才有权给人以幸福，只有天子才可以给人以惩罚，只有天子才可以吃美好的食物。而臣下没有权力给人以幸福和惩罚，也就没有权力吃美好的饭食。假如臣下擅自给人以幸福和惩罚，吃美好的饭食，就会给你的王室带来危害，给你的国家带来危害。人们也将因此而背离王道，小民也将因此而犯上作乱。"

▶原文

"七、稽疑：择建立卜筮（shì）人，乃命卜筮。曰雨，曰霁，曰蒙，曰驿，曰克，曰贞，曰悔，凡七。卜五，占用二，衍忒。立时人作卜筮，三人占，则从二人之言。汝则有大疑，谋及乃心，谋及卿士，谋及庶人，谋及卜筮。汝则从，龟从，筮从，卿士从，庶民从，是之谓大同；身其康强，子孙其逢，吉。汝则从，龟从，筮从，卿士逆，庶民逆，吉。卿士从，龟从，筮从，汝则逆，庶民逆，吉。庶民从，龟从，筮从，汝则逆，卿士逆，吉。汝则从，龟从，筮逆，卿士逆，庶民逆，作内吉，作外凶。龟筮共违于人，用静吉，用作凶。"

## ▶译文

"七、解决疑难的方法：选择善于卜筮的人，分别让他们用龟甲卜卦或用蓍草占卦，这样的人选定之后，便命令他们进行卜筮。卜筮的征兆如下：一、兆形像雨一样；二、兆形像雨后初晴时云气在空中一样；三、兆形像雾气蒙蒙；四、兆形像断续的浮云；五、兆相阴阳之气相侵；六、内卦；七、外卦，共有七种。前五种用龟甲卜卦，后两种用蓍草占卦，对卦爻的意义，要认真地加以研究，以弄清所有变化。任用这些人从事卜筮时，如果三个人占卜，应当听从其中两个人共同的判断。假如你遇到了重大的疑难问题，首先你自己要多加考虑，然后再和卿士商量，而后和庶民商量，最后问及卜筮。你自己同意，龟卜同意，筮占同意，卿士同意，庶民同意，这就叫大同。这样，你的身体一定会健康强壮，你的子孙也一定会大吉大利。你自己同意，龟卜同意，筮占同意，卿士不同意，庶民不同意，也是吉利的。卿士同意，龟卜同意，筮占同意，你自己不同意，庶民不同意，也是吉利的。庶民同意，龟卜同意，筮占同意，你自己不同意，卿士不同意，也是吉利的。你自己同意，龟卜同意，筮占不同意，卿士不同意，庶民不同意，这样，就只对内吉利，对外就不吉利了。如果龟卜不同意，筮占不同意，即使你自己同意，卿士同意，庶民同意，也不可轻举妄动，安静地守着就吉利，有所举动就不吉利了。"

## ▶原文

"八、庶征：曰雨，曰旸，曰燠，曰寒，曰风。曰时五者来备，各以其叙，庶草蕃庑 (wú，茂盛)。一极备，凶，一极无，凶。

"曰休征：曰肃，时雨若；曰乂，时旸若；曰晢，时燠若；曰谋，时寒若；曰圣，时风若。

"曰咎征：曰狂，恒雨若；曰僭，恒旸若；曰豫，恒燠若；曰急，恒寒若；曰蒙，恒风若。

"曰王省惟岁，卿士惟月，师尹惟日。岁月日时无易，百谷用成，乂用明，俊民用章，家用平康。日月岁时既易，百谷用不成，乂用昏不明，俊民用微，家用不宁。

"庶民惟星，星有好风，星有好雨。日月之行，则有冬有夏。月之从星，则以风雨。"

▶译文

"八、各种不同的征兆：一是雨，二是晴，三是暖，四是寒，五是风。假若这五种现象都能按照一定的规律发生，那么各种草木就会茂盛地生长，庄稼也会丰收。假若其中一种现象过多，年成就不好；一种现象过少，年成也会不好。

"各种好的征兆：天子办事谨慎，雨水就按时降下来；天子的政治清明，就会有充足的阳光；天子办事明白，炎热的气候就会按时到来；

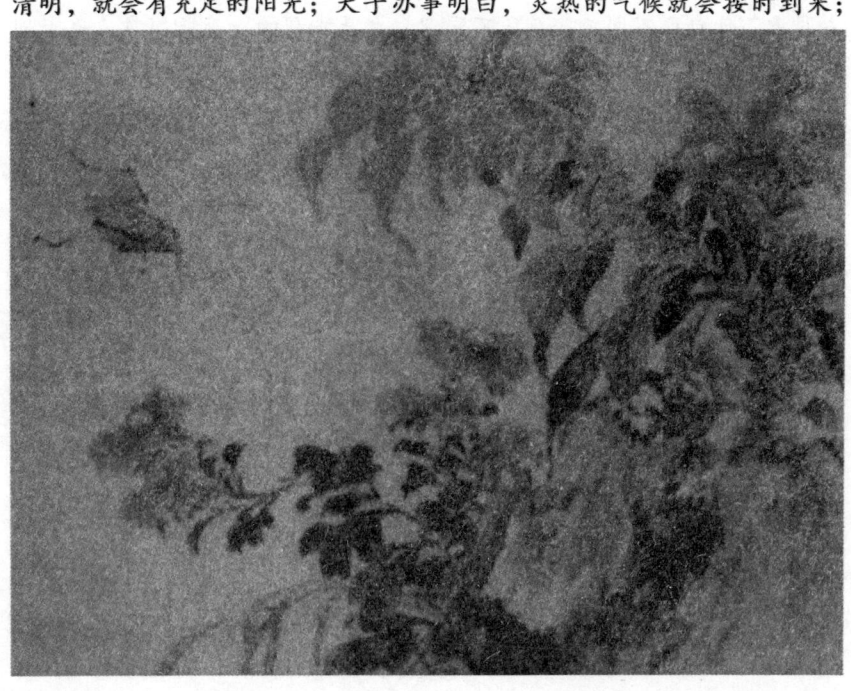

天子能够深谋远虑，寒冷的气候也会应时而至；天子通达事理，风也就会按时产生。

"各种坏的征兆：天子的行为狂妄，大雨就会下个不停；天子办事出了差错，天气就会干旱不雨；天子贪图安逸享受，天气就会经常炎热；天子办事浮躁，天气就会经常寒冷；天子办事不精明，风就刮个不停。

"天子有了过失，就会影响一年；卿士有了过失，就会影响一月；官吏有了过失，就会影响一天。年、月、日都不发生异常的变化，各种庄稼便都会茂盛地生长，政治就会清明，贤能的人就会得到任用，国家也就会平安无事。假如日、月、年发生了异常的变化，许多庄稼就长不好，政治就昏暗，贤能的人就得不到任用，国家就会紊乱。

"庶民好比星，有的星好风，有的星好雨。由于日月的运行，便产生了冬天和夏天。假若月亮离开太阳而顺从于星，那么接近箕星就多风，接近毕星就多雨。"

▶原文

　　"九、五福：一曰寿，二曰富，三曰康宁，四曰攸好德，五曰考终命。六极：一曰凶、短、折，二曰疾，三曰忧，四曰贫，五曰恶，六曰弱。"

▶译文

　　"九、五种幸福：一是长寿，二是富贵，三是平安而无疾病，四是喜好天子所建立的道德规范，五是长寿善终。六种惩罚：一是早死，二是多病，三是多忧愁，四是贫穷，五是丑恶，六是不健壮。"

## 大　诰

▶原文

　　王若曰："猷！大诰尔多邦越尔御事。弗吊！天降割于我家，不少延。洪惟我幼冲人，嗣无疆大历服。弗造哲，迪民康，矧曰其有能格知天命？"

▶译文

　　摄政王周公这样说："啊！我要郑重地向你们各国诸侯和你们的部下官吏宣布：不好了！上天把大祸降临给我们国家了，灾祸在继续发展，没有停息。现在我代替我年幼的侄儿执掌我们永恒的权柄。但我却没有遇到明智的人，把我们的人民引导到安全的地方，何况说知道天命的人呢？"

▶原文

　　"已！予惟小子，若涉渊水，予惟往求朕攸济。敷贲敷前人受命，兹不忘大功。予不敢闭于天降威，用宁王遗我大宝龟，绍天明。"

▶译文

　　"唉！我的处境就好像渡过深渊那样危险，我只好到上天那里去寻找渡过难关的办法了。摆下占卜用的大龟吧，让它来宣布我们的前辈是如何在上天那里接受任命的，这样的大功是不应当忘记的。我不敢隐藏上天的威严意旨，用文王遗留给我们的大宝龟进行占卜，我们可以问明白上天的用意了。"

▶原文

　　"即命曰：'有大艰于西土，西土人亦不静。越兹蠢殷小腆，诞敢纪其叙。天降威，知我国有疵，民不康，曰："予复！"反鄙我周邦，今蠢，今翼。日民献有十夫予翼，以于敉（mǐ，平定）宁武图功。我有大事，休？'朕卜并吉。"

▶译文

　　"我向大龟祷告说：'西方要有很大的灾难，西方人也不会平静。

于是这些阴谋叛乱的人就更加蠢蠢欲动。殷商的余孽竟然胆敢妄图恢复他们的统治地位。上天给我们降下了灾难。他们知道我们国家因为这种灾难，人民很不安宁。他们说："我们要复国!"反而图谋我们周国，现在他们发动叛乱了。有的地方的人民响应他们这种叛乱。但只要有十个人做我的助手，我就可以平定叛乱，完成文王、武王所力图达到的武功。我现在要发动平定叛乱的战争，这样做究竟好不好呢?'我的占卜告诉我这样做是吉利的!"

▶原文

"肆予告我友邦君越尹氏、庶士、御事，曰：'予得吉卜，予惟以尔庶邦于伐殷逋播臣。'尔庶邦君越庶士、御事，罔不反，曰：'艰大，民不静，亦惟在王宫邦君室。越予小子考，翼不可征，王害不违卜?'"

▶译文

"因此，我要告诉我们友邦的国君以及各位官员说：'我得到了吉利的卜兆，我要率领你们去讨伐殷国那些逃亡叛乱的人。'可是，你们这些国君和你们的许多官吏都来反对我的意见，说：'困难太大了，民心也很不稳定，还要考虑那些发动叛乱的人有的就出在王宫里面和邦君的家里，并且是我们的长辈，我们不应当去讨伐他们。王啊! 你为什么不违背占卜呢?'"

▶原文

"肆予冲人永思艰，曰：呜呼！允蠢鳏寡，哀哉！予造天役，遗大投艰于朕身。越予冲人不卬 (áng) 自恤。义尔邦君，越尔多士、尹氏、御事，绥予曰：'无毖于恤，不可不成乃宁考图功。'"

▶译文

"现在我应当为我们年幼的国君慎重地考虑出征的困难。唉！实在是这样，一旦发动战争，就要惊扰千家万户，甚至包括无夫无妻的人在内，这多么令人悲哀啊！我们遭到天灾，上天把非常严重的困难投到我以及我们幼主的身上，我不能只为自身的安危忧虑。我猜想你们各位国君和你们的官吏们，也会这样劝告我：'不应当过分地操劳于自己的安危，应当去完成你的父亲文王所力图成就的功业。'"

▶原文

"已！予惟小子，不敢替上帝命。天休于宁王，兴我小邦周，宁王惟卜用，克绥受兹命。今天其相民，矧亦惟卜用？呜呼！天明畏，弼我丕丕基！"

▶译文

"唉！我想我是文王的儿子，我不敢废弃上天的命令。上天嘉奖文王，使我们这个小小的周国兴盛起来，文王通过占卜，继承了上天所授给的大命。现在上天命令臣民帮助我们，何况我们又通过占卜了解到上天的这番用意呢？唉！上天的这种明确的意旨，人们应该敬畏，还是帮助我把我们的统治大大地加强吧！"

▶原文

王曰："尔惟旧人，尔丕克远省？尔知宁王若勤哉！天闵毖我成功所，予不敢不极卒宁王图事。肆予

大化诱我友邦君：天棐
（fěi，辅助）忱，辞其考
我民，予曷其不于前宁
人图功攸终？天亦惟用
勤毖我民，若有疾，予
曷敢不于前宁人攸受
休毕！"

▶译文

　　王说："你们是曾经辅佐过
文王的老臣，你们能够很好地
回顾一下遥远的过去吗？你们
知道文王是如何的勤劳吗？上
天把取得成功的办法秘密地告
诉我们，我不敢不尽一切努力来完成文王所力图成就的事业。所以，我
就用这番伟大的道理，教育劝导你们各位诸侯国君。上天那些诚恳的表
示赞助的言辞，说明上天将要成就我们的臣民，我为什么不继承文王的
事业而去争取最后的胜利呢？上天也因此经常向我们发出命令，好像要
去掉自己身上疾病那样迫切，我怎敢不去努力地完成文王从上天那里所
接受的神圣的事业呢？"

▶原文

　　王曰："若昔朕其逝，朕言艰日思。若考作室，
既厎法，厥子乃弗肯堂，矧肯构？厥父菑，厥子乃弗
肯播，矧肯获？厥考翼其肯曰：予有后，弗弃基？肆
予曷敢不越卬敉宁王大命？若兄考，乃有友伐厥子，
民养其劝弗救？"

▶译文

　　王说："在过去，我曾经跟随武王到东方讨伐殷国，所以我天天考

虑着出兵东征的困难。譬如父亲要盖房子，已经确定了房子的盖法，可是他的儿子却不肯去奠定房子的地基，何止是盖房子呢？他的父亲把地耕好，他的儿子却不肯播种，何止是收获庄稼呢？做父亲的是敬重自己的事业的，他怎么会说'我的后代，不会毁掉我的事业'呢？所以，我怎敢不在我暂时执掌大位期间亲自去讨伐叛乱，完成文王从上天那里接受的大命呢？又好比当父兄的，如果有邻国讨伐他们的子弟，难道那些统治他们的侯王能够劝阻他们不去救助自己的子弟吗？"

▶原文

王曰："呜呼！肆哉，尔庶邦君越尔御事，爽邦由哲，亦惟十人迪知上帝命，越天棐忱，尔时罔敢易法！矧今天降戾于周邦？惟大艰人诞邻胥伐于厥室，尔亦不知天命不易？"

▶译文

王说："唉！努力吧，各位诸侯国君以及你们的官吏们。要把国家治理好，就必须依靠圣明的人，而只有十个圣明的人才会了解上天的意旨，上天在诚心诚意地帮助我们周国，你们是不敢侮慢上天的决定的。今天，上天已经把这个决定下达到我们周国了，那些发动叛乱的人却勾结殷人来讨伐自己的同宗。你们不知道上天的大命是不能违背的吗？"

▶原文

"予永念曰：天惟丧殷，若穑夫。予曷敢不终朕亩？天亦惟休于前宁人，予曷其极卜？敢弗于从率宁人有指疆土？矧今卜并吉！肆朕诞以尔东征。天命不僭，卜陈惟若兹！"

▶译文

"我在长时间地考虑：上天是要灭掉殷国的，譬如种庄稼的农民，为了使庄稼长得好，总要把田亩中的杂草完全除掉。我怎敢不像农民那样，除恶务尽呢？上天只赞助我们的前辈文王，我怎敢放下卜兆，怎敢不遵从上天的意旨，不遵循文王的意图而放弃保卫我们美好的国土呢？何况今天的占卜都是吉利的，因此我一定率领你们诸侯国君东征。上天的命令是不会有差错的，占卜就清楚地说明了这一点。”

## 酒诰

▶原文

王若曰：“明大命于妹邦。乃穆考文王，肇国在西土。厥诰毖庶邦庶士，越少正御事，朝夕曰：‘祀兹酒。’惟天降命，肇（zhào）我民，惟元祀。天降威，我民用大乱丧德，亦罔非酒惟行；越小大邦用丧，亦罔非酒惟辜。”

▶译文

成王这样说：“我要在这殷商的旧都向你明确地颁布教令了。你那尊敬的父亲文王在西方缔造了我们的国家。他曾经从早到晚告诫诸侯国君及其官吏们说：‘只有在祭祀的时候，才可以用酒。’想一下上天所下达的意旨吧！当上天开始为我们臣民造酒的时候，就是为了那盛大的祭祀啊。上天降下惩罚了，是因为我们的民众胆敢犯上作乱，丧失了他们应当遵守的道德，究其原因，无非是以酒乱行；有些诸侯国灭亡了，那也是民众饮酒过度带来的灾害。”

参天尽物

▶原文

"文王诰教小子有正有事：无彝（yí）酒。越庶国：饮惟祀，德将无醉。惟曰：'我民迪小子惟土物爱，厥心臧。'聪听祖考之遗训，越小大德，小子惟一。妹土，嗣尔股肱，纯其艺黍稷，奔走事厥考厥长。肇牵车牛，远服贾用，孝养厥父母。厥父母庆，自洗腆，致用酒。"

▶译文

"文王告诫他的子孙以及官员们：不许经常饮酒；同时也要求诸侯国君：只有在祭祀的时候才可以饮酒，但宜以德自持，不要喝醉了。文王还说：'要经常教导我的臣民及子孙珍惜粮食，使他们心灵至善。'一定要很好地听取我们的前辈所留下的这些教训，无论德行大小或者是年轻年老，都应当同样戒酒。殷朝旧都的殷民们，从今以后，你们要辛勤劳动，专心致志地种好庄稼，要为你们的父兄以及你们的官长奔走效劳。在农事完毕以后，你们就可以赶快牵着牛车，到外地从事贸易，以孝敬赡养你们的父母；你们的父母一定会高高兴兴地自己动手准备丰盛的饭食，在这时你们就可以饮酒了。"

▶原文

"庶士有正，越庶伯君子，其尔典听朕教。尔大克羞耇惟君，尔乃饮食醉饱。丕惟曰尔克永观省，作稽中德，尔尚克羞馈祀。尔乃自介用逸，兹乃允惟王正事之臣。兹尔惟天若元德，永不忘在王家。"王曰："封，我西土棐徂邦君御事小子，尚克用文王教，不腆于酒，故我至于今，克受殷之命。"

▶译文

"官员们，希望你们要经常听取教导。你们只有能够进献足够的美食给长辈和国君，才可以自己吃饱喝足。这样，就可以说你们是能够长久地省察自己的行为，使自己的言行举止合乎我们的道德标准。这样，你们也就基本上可以参与国王所举行的祭祀，你们也就可以向上天祈求安乐了。这就是说你们都是为帝王所信任并为帝王办理各种政务的官员。你们要能够按照上天所规定的大德行事，时刻不忘自己作为帝王的臣下的身份。"王说："封啊！过去我们西方本土的诸侯国君及其官吏们，能够遵照文王的教导，不好饮酒，所以我们今天能够灭掉殷商并代替它接受上天所赐予的大命。"

▶原文

王曰："封，我闻惟曰：'在昔殷先哲王，迪畏天显小民，经德秉哲。自成汤咸至于帝乙，成王畏相惟御事，厥棐有恭，不敢自暇自逸，矧曰其敢崇饮？越在外服，侯甸男卫邦伯，越在内服，百僚庶尹惟亚惟服宗工，越百姓里居，罔敢湎于酒。不惟不敢，亦不暇，惟助成王德显，越尹人祗辟。'"

▶译文

王说："封啊！我听到这种说法：'从前殷商圣明的国王都是引导小民敬畏上天的，小民都能够遵从道德，对统治者表示敬仰。从成汤到帝乙的王业所以有成就，就是因为小民对上天和统治者表示敬畏并能自我省察，官吏们各尽其职，办理政务非常谨慎，丝毫不敢擅自贪图享受，何况是尽情饮酒呢？在京城以外的诸侯国君，在朝内的各种官吏和宗室贵族以至退职家居的官员都不敢整天喝酒，不仅是不敢这样做，也没有闲暇这样做。他们所考虑的只是怎样帮助帝王成就显赫的功业，以及使各种官吏都对国君表示敬畏。'"

▶原文

"我闻亦惟曰：'在今后嗣王酗身，厥命罔显于民祗，保越怨，不易。诞惟厥纵淫泆于非彝，用燕丧威仪，民罔不盡伤心。惟荒腆于酒，不惟自息乃逸。厥心疾很，不克畏死。辜在商邑，越殷国灭无罹（lí，愁）。弗惟德馨香祀登闻于天，诞惟民怨、庶群自酒腥闻在上，故天降丧于殷，罔爱于殷，惟逸。天非虐，惟民自速辜。'"

▶译文

"我还听到这样一种说法：'自此以后继位的商纣王沉湎于酒色之中，不去成就上天降给他的大命，从而建立显赫的功业，安于臣民对他的怨恨，不思改过，纵欲无度，沉湎在极不合乎道德和法度的安乐享受之中。由于贪图安乐和享受以致丧失了君王应有的威仪，臣民无不感到痛苦和伤心。他只考虑如何尽情地饮酒作乐，却从不考虑停止自己这种放纵的行为。他的心地乖戾狠毒，是个亡命之徒。他在殷商的故都犯下了许多大罪，到殷国灭亡的时候，便形成了众叛亲离的局面。没有德政

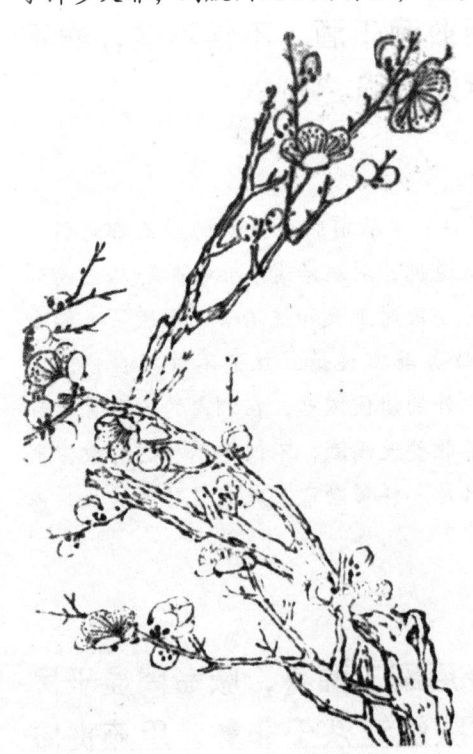

报告给上天，也不给上天祭祀，臣民对他非常怨恨，都放肆地饮酒，那酒肉的腥味冲到天上，被上天闻到了，所以上天向殷商降下亡国大祸。上天之所以不喜欢殷，就是因为他们贪图享受的缘故。不是上天暴虐，而是殷商的臣民自己招来这种亡国的祸患。'"

▶原文

王曰："封，予不惟若兹多诰。古人有言曰：'人无于水监，当于民监。'今惟殷坠厥命，我其可不大监？抚

于时，予惟曰：汝劼（jié，慎重）毖殷献臣，侯甸男卫，矧太史友、内史友越献臣、百宗工，矧惟尔事服休、服采，矧惟若畴——圻父薄违、农父若保、宏父定辟：'矧汝刚制于酒！'"

▶译文

王说："封啊！我不想像这样多多告诫了。古人有话说：'人，不要把水当作镜子，而应当把臣民当作镜子。'现在殷商已经丧失了上天降给他的大命，我哪里敢不根据殷商灭亡的历史事实认真地总结经验教训呢？我想告诉你要慎重地告诫殷商的贤臣，侯、甸、男、卫的诸侯，以及记事记言的史官，还有许多贤臣，还要告诫你的部下以及你的管理游宴休息和朝祭的近臣，还有你的三种大臣——讨伐叛乱的司马、管理农业生产的司徒、主持司法事务的司空，向他们说：'你们要采取严厉手段强行戒酒。'"

▶原文

"厥或诰曰：'群饮。'汝勿佚，尽执拘以归于周，予其杀！又惟殷之迪诸臣惟工乃湎于酒，勿庸杀之，姑惟教之。有斯明享，乃不用我教辞，惟我一人弗恤，弗蠲（juān，免除）乃事，时同于杀。"王曰："封，汝典听朕毖，勿辩乃司民湎于酒。"

▶译文

"假若有人向你报告说：'有一群人在饮酒。'你就不要放纵他们，要把他们尽快逮捕并押送到我这里来，我要把他们杀掉。假若是原来殷商的旧臣以及掌管手工业生产的百工过分饮酒，就不要杀掉他们，而应当教育他们。有了这样明确的教令之后，假若有人仍然敢于不遵从我的这些教令，对我的威严不感到畏惧，不使自己的政务清明，对于这样的人也要和上述的人一样把他们杀掉。"王说："封啊！你要经常听取我的指导，不要使你所统治的臣民沉溺于饮酒。"

一一九

参天尽物

# 召诰

▶原文

　　惟二月既望，越六日乙未，王朝步自周，则至于丰。惟太保先周公相宅。越若来三月，惟丙午胐(fěi)。越三日戊申，太保朝至于洛，卜宅。厥既得卜，则经营。越三日庚戌，太保乃以庶殷攻位于洛汭。越五日甲寅，位成。

▶译文

　　周成王七年二月十六日，过了六天是二十一日，早晨成王从镐京出发，到了丰邑。太保召公在周公之前到洛地勘察宫室宗庙的基地。到了三月初三，新月露出光辉。又过了三日到戊申这一天，召公在早晨到了洛地，占卜所选地址的吉凶。在占卜中得到吉兆，便开始营建。过了三天到庚戌这天，召公便率领许多殷民在洛水入黄河处营建宗庙宫皇的基地。过了五日，到甲寅这天，基地建成。

▶原文

　　若翼日乙卯，周公朝至于洛，则达观于新邑营。越三日丁巳，用牲于郊，牛二。越翼日戊午，乃社于新邑，牛一，羊一，豕一。越七日甲子，周公乃朝用书命庶殷、侯甸男邦伯。厥既命殷庶，庶殷丕作。

▶译文

　　到了次日，也就是乙卯日
早晨，周公来到了洛地，全面视察了新邑的营建区域。过了三日，到了
丁巳这天，举行郊祭，用两头牛祭天。次日戊午，便在新邑立社庙祭地
神，祭时用牛、羊、猪各一头。又过了七天，在甲子日的早晨，周公便
向殷民和各诸侯国的首领颁发了营建洛邑的命令。当向殷民宣布命令之
后，殷民便大举动工了。

▶原文

　　太保乃以庶邦冢君出取币，乃复入，锡周公。
曰：“拜手稽首：旅王若公，诰告庶殷越自乃御事。
呜呼！皇天上帝改厥元子兹大国殷之命，惟王受命无
疆惟休，亦无疆惟恤。呜呼！曷其奈何弗敬？”

▶译文

　　召公和诸侯国的国君取出礼品，再进贡赠给周公，并说：“请接受
我们的礼拜，请让我们把向王陈述的意见陈述给你。然后再把这些意见
写成命令，发布给殷民和那些治事诸臣。啊！上天更改了殷国的大命，
不再让它统治天下。我们周王接受了上天的大命，无限美好，但也有无
限的忧虑，为什么不应该有所警惕呢？”

▶原文

　　“天既遐终大邦殷之命，兹殷多先哲王在天，越
厥后王后民，兹服厥命。厥终：智藏，瘝在。夫知保
抱携持厥妇子，以哀吁天；徂厥亡，出执。呜呼！天
亦哀于四方民，其眷命用懋。王其疾敬德！”

▶译文

　　“上天既然已经结束了大国殷的大命，这殷国的许多圣明的先王还

一二一

参天尽物

在天上，后来到了殷纣，一开始他和臣民还能勤勉地根据先王的命令行事。待到纣的末世，有本领的人都藏匿起来，小民都离家行役，人民痛苦到了极点。有了家室的成年男子都抱着他们的婴儿，携带着他们的妻子，在一起悲痛地呼唤苍天，诅咒殷纣，希望他快点灭亡，以求跳出灾难的深渊。啊！上天也哀怜四方小民，他看到这种情形，便把大命由商转移给我周。王啊！希望你赶快敬重德行！"

▶原文

"相古先民有夏，天迪从子保，面稽天若，今时既坠厥命。今相有殷，天迪格保，面稽天若，今时既坠厥命。今冲子嗣，则无遗寿耇，曰：'其稽我古人之德。'矧日'其有能稽谋自天'？呜呼！有王虽小，元子哉！其丕能诚（xián，和睦）于小民。今休。王不敢后，用顾畏于民碞；王来绍上帝，自服于土中。"

▶译文

"看那古代的夏人，上天让那些深知天理的人来开导他们；这些人往往能够当面咨询上天的意见，由于夏的后代帝王不能遵从上天的意旨行事，上天便废弃了他们的大命。现在再看看殷人，上天让那些深知天命的人来开导他们，这些人往往能够当面咨询上天的意见，现在也由于殷的后代帝王不能够遵从上天的意旨行事，上天便废弃了他们的大命。如今年幼的成王继承了王位，还没有老成可靠的人辅佐他，没有人能考究古人的道德，何况说是能够当面咨询上天意见的人呢！啊！成王虽然年幼，但他却是天子，他能够很好地治理小民。现在国家的形势很好，成王不敢延误建造洛邑的大事。他由于看到小民难治而忧心忡忡，便去卜问上天，因而在天下的中部营建洛邑，以便治理国家。"

▶原文

"旦曰：'其作大邑，其自时配皇天，毖祀于上下，其自时中乂；王厥有成命治民，今休。'王先服殷御事，比介于我有周御事，节性，惟日其迈。王敬作，所不可不敬德。"

　　"周公说过：'赶快营建大邑，从此以后祭天时，便能够以先祖后稷配享，谨慎地祭祀天神和地神了，从此便可以居于天地之中而治理国家了。成王已经打定了这样的主意，治理小民便可以大获成功了。'王先治理殷国的遗臣，使他们能够亲近我们并和我周国治事诸臣一样为国效劳，要节制、改造他们的性情，使他们天天有所进步。成王也应恭敬谨慎，以身作则，不可不敬重德行！"

　　"我不可不监于有夏，亦不可不监于有殷。我不敢知曰，有夏服天命，惟有历年；我不敢知曰，不其延。惟不敬厥德，乃早坠厥命。我不敢知曰，有殷受天命，惟有历年；我不敢知曰，不其延。惟不敬厥德，乃早坠厥命。"

　　"我们不能不以夏为借鉴，也不能不以殷为借鉴。我不敢想象，夏

一二三

参天尽物

接受上天的大命，能够经历长久；我也不敢想象，他们不能经历长久。我所知道的是因为他们不敬重德行，才早早地丧失从上天那里接受来的大命。"

▶原文

"今王嗣受厥命，我亦惟兹二国命，嗣若功。王乃初服，呜呼！若生子，罔不在厥初生，自贻哲命。今天其命哲，命吉凶，命历年。知今我初服，宅新邑，肆惟王其疾敬德。王其德之用，祈天永命。"

▶译文

"现在成王承受了上天赐予的大命，我也希望你们能够想一想这两个国家兴亡的原因，接受他们的教训，继承他们的大功。成王刚刚治理国家。啊！这好比刚刚成人的少年，成功与失败无不在他们这个时候，必须自行选择明智的道路向前走。现在上天把大命赐给那些明智而有道德的人，至于降下的是吉是凶，给予的时间是长是短，这都是很难预料的。我所知道的是成王刚刚治理国家，居住在新邑。现在的希望是成王能够赶快敬重德行。王啊！只有根据道德行事，才能祈求天命的长久。"

▶原文

"其惟王勿以小民淫用非彝，亦敢殄戮用乂民，若有功。其惟王位在德元，小民乃惟刑用于天下，越王显。上下勤恤，其曰我受天命，丕若有夏历年，式勿替有殷历年。欲王以小民受天永命。"

▶译文

"希望成王不要和小民一起放纵自己的行为而不遵法度，也要敢于用刑杀的办法治理小民，这样才能获得成功。希望成王居于天子之位而成为有道德的人，让黎民百姓都效法您，发扬王的美好品德。君臣上下时常具有忧患意识，这样才可以说：我们接受上天的大命，才能够像夏那样经历久远的年代，才不至于经历像殷那样的年代。我们希望成王以及小民永远享有上天赐予的大命。"

▶原文

拜手稽首，曰："予小臣，敢以王之仇民、百君子越友民，保受王威命明德。王末有成命，王亦显。我非敢勤，惟恭奉币，用供王能祈天永命。"

▶译文

周公行礼之后说："我小臣和殷的遗臣遗民以及我国臣子庶民，共同捍卫成王从上天那里接受来的威严的大命，发扬成王的大德。成王终于打定了营建洛邑的主张，成王的大德便可以更加发扬光大了。我不是敢于慰劳成王，只不过是恭敬地奉上礼品，以供成王祈求上天给予永久的大命罢了。"

# 多 士

▶原文

惟三月，周公初于新邑洛，用告商王士。

王若曰："尔殷遗多士，弗吊旻（mín）天，大降丧于殷。我有周佑命，将天明威，致王罚，敕殷命终于帝。肆尔多士，非我小国敢弋殷命，惟天不畀允罔固乱，弼我，我其敢求位？惟帝不畀。惟我下民秉为，惟天明畏。"

▶译文

成王元年三月，周公第一次来到新都洛邑，把成王的命令向商王朝的遗民宣告。

成王说："你们这些殷国的遗民，商纣王不敬重上天，于是上天把

丧亡的大祸降给你们殷国。我们周国帮助上天行使命令，遵奉上天圣明而威严的意旨，用王者的诛罚，命令你们殷王终止帝业。现在我要告诉你们这些殷国的遗民，不是我小小的周国敢夺取殷国的大命。因为上天不会把大命给予那些善于说谎而又胡作非为的人，所以才辅助我周国。假如上帝不给我们，我们是不敢妄求这个大位的。上天是圣明而威严的，我们下民只有秉承天意行事。"

▶原文

"我闻曰：'上帝引逸。'有夏不适逸，则惟帝降格，向于时夏。弗克庸帝，大淫泆，有辞，惟时天罔念闻，厥惟废元命，降致罚。乃命尔先祖成汤革夏，俊民甸四方。"

▶译文

"我听说：'上帝节制人的放纵行为。'夏王桀不节制自己的放纵行为，于是上天便降下深知天命的人，规劝夏国，希望他们能够改恶从善。但夏桀不愿听从上天的教导，更加地放纵起来，并且喋喋不休地说了一些侮辱上天的话。上天不能不考虑他们所听到的情况，便废除了夏的大命，降下了惩罚。于是命令你们的先祖成汤改革夏朝，任用一些有才能的人治理四方。"

▶原文

"自成汤至于帝乙，罔不明德恤祀。亦惟天丕建，保乂有殷。殷王亦罔敢失帝，罔不配天其泽。

在今后嗣王，诞罔显于天，矧曰其有听念于先王勤家？诞淫厥泆，罔顾于天显民祇。惟时上帝不保，降若兹大丧。惟天不畀，不明厥德。凡四方小大邦丧，罔非有辞于罚。"

▶译文

"从成汤到帝乙，无不努力地施行教化，谨慎地祭祀上天，因此上天便予以大力支持，以安治殷国。殷朝先王也不敢违背上天的意旨行事，因此他们都能够和上天一样施给人民恩泽。

在这以后继位的商纣王，欺骗侮慢上天，更谈不到听从上天的教导了。在先王辛勤建立的基业上，大肆奢侈腐化起来，根本不顾及上天圣明的教导和人民的疾苦。因此上帝便不再保佑殷，而给它降下了亡国之祸。上天不会把大命赐给那些不努力施行德教的人。凡是四方小国或大国的灭亡，没有不是因为有罪而招致灭亡惩罚的。"

▶原文

王若曰："尔殷多士，今惟我周王，丕灵承帝事，有命曰：'割殷!'"告敕于帝。惟我事不贰适，惟尔王家我适。予其曰：惟尔洪无度，我不尔动，自乃邑。予亦念天即于殷大戾，肆不正。"

▶译文

成王说："你们这些殷国的遗民听着，现在我周王奉上天神圣的命令。上天命令说：'夺取殷朝！'我只能完成使命并向上帝报告。上帝要你们服从我的统治，不许怀有二心，但你们一定要与我王家为敌。我要说：'你们众官员无视法度，我们并没有先进攻你们，动乱来自你们自己的都邑。'我考虑上天既已降下大祸给殷，所以也就不再治你们的罪了。"

▶原文

王曰："猷！告尔多士，予惟时其迁居西尔，非我一人奉德不康宁，时惟天命。无违。朕不敢有后，无我怨。

▶译文

成王说："唉！告诉你们这些殷的遗民们，我之所以此时把你们迁到西面去，并非是我一个人不讲仁德而使你们不得安宁，实在是上天的意思啊！我无法违抗，也不敢有所迟延，千万不要因此而怨恨我。

▶原文

"惟尔知，惟殷先人有册有典，殷革夏命。今尔又曰：'夏迪简在王庭，有服在百僚。'予一人惟听用德，肆予敢求尔于天邑商。予惟率肆矜尔，非予罪，时惟天命。"

▶译文

"你们知道，你们殷的先人留有典籍，记载着殷更改了夏的大命。现在你们又说：'殷曾选拔夏的遗臣留在王庭，担任各种官职为殷王服务。'我只听从、任用有德的人，所以我不敢请求你们先王的允许而任用你们，我只能以赦免你们的罪过来怜悯你们的愚昧无知。这不是我的过错，这是上天的命令。"

▶原文

王曰："多士，昔朕来自奄，予大降尔四国民命。

我乃明致天罚，移尔遐逖（tì，远方），比事臣我宗多逊。"

▶译文

王说："殷的遗民们，过去我从奄国来，我曾对你们管、蔡、商、奄四国臣民下达过命令。我是奉行上天的命令征伐你们的，把你们从远方迁到这里，要你们顺从地为我们周国服务。"

▶原文

王曰："告尔殷多士，今予惟不尔杀，予惟时命有申。今朕作大邑于兹洛，予惟四方罔攸宾，亦惟尔多士攸服奔走臣我多逊。尔乃尚有尔土，尔乃尚宁干止。尔克敬，天惟畀矜尔。尔不克敬，尔不啻不有尔土，予亦致天之罚于尔躬。今尔惟时宅尔邑，继尔居，尔厥有干有年于兹洛。尔小子乃兴，从尔迁。"

王曰，又曰："时予，乃或言尔攸居"。

▶译文

成王说："告诉你们这些殷国的遗民，现在我不忍杀掉你们，我只向你们重申上面的命令。现在我在这洛的地方建造一座大城，是因为四方诸侯无处朝贡，也是为了你们服务王事、奔走效劳方便，你们要顺从地臣服我们。你们仍有你们的土地，你们还可以安定地从事劳作和休息。只要你们能够敬重我周国，上天便会给你们以怜悯；如果你们不敬重我周国，你们不但会失去你们的土地，我也要把上天的惩罚降到你们身上。现在你们要安居于你们的城邑，辛勤地耕耘，这样你们就能够在洛邑长久地进行生产并享有丰年。你们的后代子孙将由于你们的迁移而兴旺发达起来。"

王又说："顺从我！才能够谈及你们长久安居下来。"

参天尽物

# 无　逸

▶原文

周公曰："呜呼！君子所其无逸。先知稼穑之艰难，乃逸，则知小人之依。相小人，厥父母勤劳稼穑，厥子乃不知稼穑之艰难，乃逸乃谚。既诞，否则侮厥父母，曰：'昔之人无闻知。'"

▶译文

周公说："唉！在位的君子，不应该贪图安逸享受。应该先了解种田的艰难，这样，处在安逸的环境也会知道种田人的艰难。看看种田人，他的父母辛勤劳苦地种着庄稼，他的儿子却不知道种庄稼的艰难，因而贪图享受。他的行为还非常放肆，乃至于轻侮他的父母说：'上了年纪的人无知无识，什么也不懂。'"

▶原文

周公曰："呜呼！我闻曰：昔在殷王中宗，严恭寅畏，天命自度，治民祗惧，不敢荒宁。肆中宗之享国七十有五年。其在高宗，时旧劳于外，爰暨小人。作其即位，乃或亮阴，三年不言。其惟不言，言乃雍。不敢荒宁，嘉靖殷邦。至于小大，无时或怨。肆高宗之享国五十有九年。其在祖甲，不义惟王，旧为小人。作其即位，爰（yuán，于是）知小人之依，能保惠于庶民，不敢侮鳏寡。肆祖甲之享国三十有三年。自时厥后，立王生则逸，生则逸，不知稼穑之艰难，不闻小人之劳，惟耽乐之从。自时厥后，亦罔或克寿，或十年，或七、八年，或五、六年，或四、三年。"

▶译文

周公说："唉！我听说，过去殷王中宗，严肃谨慎，小心翼翼，以天命为标准来严格衡量自己，怀着严谨而慎重的心情治理人民，不敢懈怠，不敢贪图安乐。所以中宗在位七十五年。到了高宗，他幼年时曾在外服劳役，和平民百姓一起劳作。等到他做了国王，时常沉默寡言，三年不轻易说话。正因为如此，所以在偶尔谈及国事时，都深得大臣们的拥护。他不敢荒废政事贪图享受，因此殷国被治理得非常好，从小民到大臣，无人有怨言。因此，高宗执政达五十九年。到了祖甲，他以为代兄为王不合道理，年轻时便逃往民间，做过小民。等到他做了国王以后，便能了解小民的疾苦而施惠于小民，甚至连那些鳏寡孤独、无依无靠的人也不敢轻慢。因此，祖甲执政达三十三年。从这以后的国王，生来就贪图安逸了。他们不了解种庄稼的艰难，不了解种田人的劳苦，只是陶醉在安乐之中以饮酒取乐为生。从这以后的国王也没有长寿的了，他们执政的时间，有的十年，有的七八年，有的五六年，有的三四年。"

▶原文

周公曰："呜呼！厥亦惟我周太王、王季，克自抑畏。文王卑服，即康功田功。徽柔懿恭，怀保小民，惠鲜鳏寡。自朝至于日中昃（zè，太阳西斜），不遑暇食，用咸和万民。文王不敢盘于游田，以庶邦惟正之供。文王受命惟中身，厥享国五十年。"

▶译文

　　周公说："唉！只有我们周国的太王、王季做起事来能够谦虚谨慎。文王也曾从事过卑贱的劳作，如整修道路、耕种田地等。他心地善良，态度和蔼恭敬，使老百姓安居乐业，并把他的恩惠施及于那些鳏寡孤独、无依无靠的人。从早晨到中午到下午，忙得无暇吃饭，用这种辛勤劳苦的精神治理国家，使万民安乐地生活着。文王不敢把各邦国供来的赋税用于游猎玩乐。文王虽然在中年才接受上天赐予的大命，但执政仍长达五十年。"

▶原文

　　周公曰："呜呼！继自今嗣王，则其无淫于观，于逸，于游，于田，以万民惟正之供。无皇曰：'今日耽乐。'乃非民攸训，非天攸若，时人丕则有愆。无若殷王受之迷乱，酗于酒德哉！"

▶译文

　　周公说："唉！从今以后的继位君王，但愿你不要把万民进贡的赋税，浪费在过度的游玩享受和田猎上。更不要这样讲：'今天先享受享受再说。'这样，就不是万民的榜样，就不是顺从天意了，这样的人便是犯了大错了。所以，不要像殷纣王那样把迷乱酗酒作为美德啊！"

▶原文

　　周公曰："呜呼！我闻曰：'古之人犹胥训告，胥保惠，胥教诲，民无或胥诪（zhōu）张为幻。'此厥不听，人乃训之，乃变乱先王之正刑，至于小大。民否则厥心违怨，否则厥口诅祝。"

▶译文

　　周公说："唉！我听说：'古时候的人还互相劝告，互相扶持，互相教诲，人们没有互相欺骗造假的。'如果君王不听这些话，不这样办，人们就会互相欺诈，大小群臣就会变乱先王的法制。百姓无所适从，心中便会产生反抗怨恨的情绪，口中便会发出诅咒的语言。"

▶原文

周公曰："呜呼！自殷王中宗，及高宗，及祖甲，及我周文王，兹四人迪哲。厥或告之曰：'小人怨汝詈汝。'则皇自敬德。厥愆，曰：'朕之愆。'允若时，不啻（chì，仅，只）不敢含怒。此厥不听，人乃或诪张为幻。曰：'小人怨汝詈汝。'则信之，则若时：不永念厥辟，不宽绰厥心，乱罚无罪，杀无辜。怨有同，是丛于厥身。"

周公曰："呜呼！嗣王其监于兹。"

▶译文

周公说："唉！从殷王中宗，到高宗，到祖甲，到我们的周文王，这四人是圣明的君主。有人告诉他们说：'老百姓在怨你骂你。'他们便更加谨慎地按照规则办事。他们有了过错，便毫不隐瞒地说：'这是我的过错。'实在是这样，他们不但不敢含怒，而且很愿意听到这样的话，以便了解自己在政治上的得失。不听这些话，人们之中有的就会互相欺骗迷惑。如果有人告诉你：'老百姓在怨你骂你。'你应当认真考虑这些话。可是，如果你这样执政：不把法度放在心里，不放宽自己的胸怀，而是去乱罚那些无罪的人，妄杀那些无辜的人。这样，必然会民心同怨，人们便会把愤怒的情绪发泄在你的身上。"

周公说："唉！王啊，你可要以这些作为鉴戒啊！"

## 君 奭

▶原文

周公若曰："君奭！弗吊天，降丧于殷。殷既坠厥命，我有周既受，我不敢知曰，厥基永孚于休。若天棐忱，我亦不敢知曰，其终出于不祥。"

▶译文

周公说："召公奭啊！由于做下了许多不好的事情，天便降下了丧亡的大祸于殷，殷已经丧失了上天所赐予的大命，我们周国已经得到了这个大命。但我不敢说，我们的事业能永远沿着美好的前程发展下去。虽然上天诚心地辅助我们，但我还是不敢说，我们的事业能否长久。"

▶原文

"呜呼！君已曰：'时我。'我亦不敢宁于上帝命。弗永远念天威，越我民罔尤违，惟人。在我后嗣子孙，大弗克恭上下，遏佚前人光，在家不知。天命不易，天难谌（chén，信赖），乃其坠命，弗克经历嗣前人恭明德。在今予小子旦，非克有正，迪惟前人光，施于我冲子。又曰：'天不可信。'我道惟宁王德延，天不庸释于文王受命。"

▶译文

"唉！您曾经说过：'我能够担起治理周国的重担。'但我却不敢安

于上天的命令，不去常常考虑上天的惩罚。我们的民众是不会无故产生怨恨的情绪的，一切都在人为啊！恐怕我们的后代子孙，不能敬天礼民，丧失前人的光荣传统，不知道天命的艰难。天命是难于长久的，如果不能永远继承前人的光荣传统，就会失去上天所赐予的大命。现在我周公不能做别人的榜样，只能以前人的光荣传统来开导我的幼小的国王而已。您还说过：'上天是不能相信的。'我们只有努力发扬文王的光荣传统，使之长久地保持下去，这样上天便不会舍弃文王所受的大命了。"

▶原文

公曰："君奭！我闻在昔，成汤既受命，时则有若伊尹，格于皇天。在太甲，时则有若保衡。在太戊，时则有若伊陟、臣扈，格于上帝；巫咸乂王家。在祖乙，时则有若巫贤。在武丁，时则有若甘盘。率惟兹有陈，保乂有殷，故殷礼陟配天，多历年所。天惟纯佑命，则商实百姓、王人，罔不秉德明恤；小臣屏侯甸，矧咸奔走。惟兹惟德称，用乂厥辟，故一人有事于四方，若卜筮，罔不是孚。"

▶译文

周公说："召公奭啊！我听说过去成汤既已接受上天的大命，便有个伊尹辅佐他，使他得以升配于天。在太甲时，有个保衡，太戊时又有伊陟和臣扈，分别辅佐他们，使他们得以升配于上帝。祖乙时有个巫贤，武丁时有个甘盘。正因为有这些老成之人辅助治理殷国，才使殷国诸王享受与上天同样的祭祀，殷国的统治才能经历许多年代。上天只大力帮助那些有道德的人，商的百姓、同族没有不按照一定原则努力谨慎地为殷王服务的；至于那些小臣和地方官们，更是努力奔走服务王事了。因此群臣各称其德，以辅助他们的国王治理国家。所以国王施政于天下四方，就好像相信卜筮的灵验一样，对国王的号召，四方的人没有不执行的。"

▶原文

公曰："君奭！天寿平格，保乂有殷，有殷嗣，天灭威。今汝永念，则有固命，厥乱明我新造邦。"公曰："君奭！在昔上帝割申劝宁王之德，其集大命于厥躬？惟文王尚克修和我有夏，亦惟有若虢叔，有若闳夭，有若散宜生，有若泰颠，有若南宫括。"

▶译文

周公说："奭啊！上天长期以来使那些能够深知天命的人安治殷国，殷国后代的继承人纣却灭弃上天的威严，而招致灭亡。现在你能永远记住这个历史教训，我们就能固守上天所赐的大命，以明智的措施，治理我们这个新建立的国家了。"周公说："奭啊！在过去为什么上天一再嘉勉文王的品德修养，把治理天下的重任放在他的身上呢？这是因为只有像文王这样有道德的人，才能把国家治理好啊；同时也因为文王有虢叔、闳夭、散宜生、泰颠、南宫括这些贤臣。"

▶原文

"又曰：无能往来，兹迪彝教，文王蔑德降于国人。亦惟纯佑秉德，迪知天威，乃惟时昭文王迪见冒，闻于上帝，惟时受有殷命哉。武王惟兹四人尚迪有禄，后暨武王诞将天威，咸刘厥敌。惟兹四人昭武王惟冒，丕单称德。今在予小子旦，若游大川，予往暨汝奭其济。小子同未在位，诞无我责，收罔勖不及。耇造德不降，我则鸣鸟不闻，矧曰其有能格？"

▶译文

"如果没有这些贤臣奔走效劳，努力地宣扬教化，文王的美德便不能传播给国人了。也正因为上帝大大地帮助了道德高尚的人，开导他们，使他们了解上天的威严，因此，上帝才帮助文王，勉励他，使他的功绩昭著。上帝了解了他的作为，正是因为这样才让他承受殷国的大命。在武王的时候，五位贤臣中的四人仍然健在，保持他们的禄位。后来武王奉上天的命令大举征伐殷国，他们又都辅助武王努力杀敌。正是由于这四人各尽其责帮助武王，才使武王成就大业。现在我姬旦好像要涉渡大河，我和你先去涉渡。我们年幼的国王虽在王位，但幼稚无知，我们能够不承担起自己的责任吗？努力去做犹恐不及。如果我们这些年长有德的人不能和睦团结，那么我就不会听到凤凰的鸣声了，更何况说能够了解天命呢！"

▶原文

公曰："呜呼！君肆其监于兹！我受命无疆惟休，亦大惟艰。告君乃猷裕，我不以后人迷。"公曰："前人敷乃心，乃悉命汝，作汝民极。曰：'汝明勖偶王，在亶（dǎn，诚信）。乘兹大命，惟文王德丕承，无疆之恤！'"

▶译文

周公说："啊！奭啊，你现在应该看到这一点：我们从上天那里接受大命，虽然是无限美好，但也有很大的困难。希望你的胸怀要宽广，我不是为了后代子孙的缘故而迷恋禄位啊！"周公说："武王曾经袒露过他的心迹，他曾详细地谈过命令你做小民表率的意见。他说：'你们应该勤奋地在王的左右辅佐王，要开诚布公，担当这样的大命，必须把能否继承文王的光荣传统作为长久的考虑。'"

▶原文

公曰："君！告汝，朕允保奭。其汝克敬，以予监于殷丧大否，肆念我天威。予不允，惟若兹诰？予惟曰：'襄我二人，汝有合哉？'言曰：'在时二人。天休兹至，惟时二人弗戡。'其汝克敬德，明我俊民，在让后人于丕时。呜呼！笃棐时二人，我式克至于今日休？我咸成文王功于不怠丕冒，海隅出日，莫不率俾。"

▶译文

　　周公说："奭啊！告诉你，我是非常相信你太保奭的。希望你能够重视我所说的话，看到殷国丧亡的大祸，长久思念着上天的惩罚。我如果不是一片诚心，能够说这些话吗？我考虑之后还要问你：'除了我们二人，还有人和你的品德相称吗？'你定会说：'正是有我们二人在，上天才降下许多美好的事情，这样的事情越来越多，我们二人是承受不了的。'希望你能够尊敬并选用有德的人，使后人很好地继承前人的光荣传统。啊！如果不是我们这两个人，我们还能达到今天的完美境地吗？我们完全成就文王的大功而不懈怠，这才使四海之内，凡太阳所能照到的地方，无不服从法度。"

▶原文

　　公曰："君！予不惠若兹多诰，予惟用闵于天越民。"公曰："呜呼！君！惟乃知：民德亦罔不能厥初，惟其终。祗若兹，往，敬用治！"

▶译文

　　周公说："奭啊！我很不聪明，说了这许多话，我的这些话，无非是忧虑天命和民心的不易保持。"周公说："唉！奭啊，你知道，小民办事在开始的时候，没有不好好办的，但到结尾就往往办不好了。应该重视这个教训，往后必须以恭谨的态度来治理国家。"

# 多　方

▶原文

　　惟五月丁亥，王来自奄，至于宗周。周公曰："王若曰：猷！告尔四国多方惟尔殷侯尹民。我惟大降尔命，尔罔不知。洪惟图天之命，弗永寅念于祀，惟帝降格于夏。有夏诞厥逸，不肯慼言于民，乃大淫昏，不克终日劝于帝之迪，乃尔攸闻。厥图帝之命，不克开于民之丽，乃大降罚，崇乱有夏。因甲于内乱，不克灵承于旅，罔丕惟进之恭，洪舒于民。亦惟有夏之民叨恲（zhì，凶暴无理）日钦，剿割夏邑。天惟时求民主，乃大降显休命于成汤，刑殄在夏。

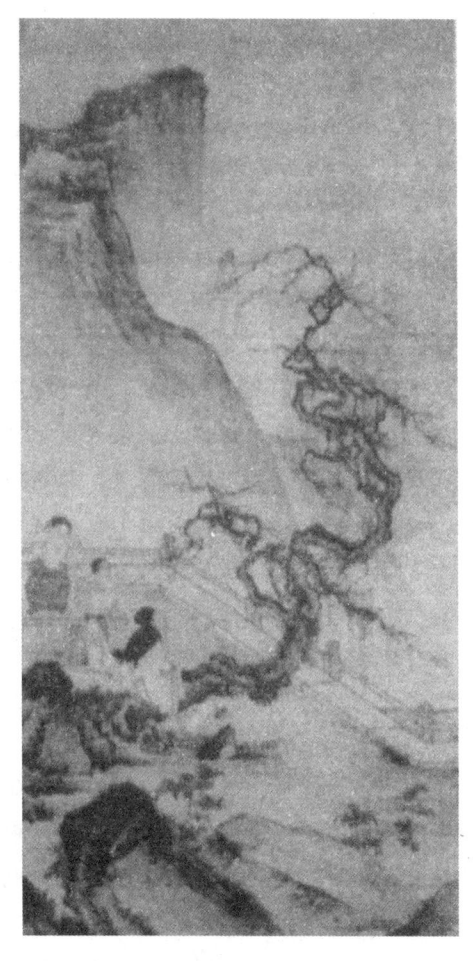

惟天不畀纯，乃惟以尔多方之义民不克永于多享，惟夏之恭多士大不克明保享于民，乃胥惟虐于民，至于百为，大不克开。乃惟成汤，克以尔多方简代夏作民主。慎厥丽，乃劝；厥民刑，用劝；以至于帝乙，罔不明德慎罚，亦克用劝；要囚殄戮多罪，亦克用劝；开释无辜，亦克用劝。今至于尔辟，弗克以尔多方享天之命，呜呼！"

参天尽物

▶译文

　　五月丁亥这天，成王从奄国回来，到了首都镐京。周公传达周王的命令说："啊！告诉你们四国和各地诸侯，以及治理臣民的官长们，我要专门向你们下达命令，希望你们都要很好地了解命令的内容和精神。看那夏代封锁了上天的命令，常常不恭敬地对待祭祀，不把祭祀放在心上。虽然上帝给夏降下了深知天命的人，但夏桀却纵欲享受，不肯用好话去安慰人民，而是日益淫逸昏乱，不能够终日勤勉地按照上帝的开导办事，这些你们都是知道的。他封闭了上帝的命令，不能把老百姓从灾难的深渊中解救出来，上天便大大地降下了惩罚来祸乱夏国，这是因为当政者习惯了在国内为非作歹，又不听从上帝的开导，只知残暴地搜刮民财，荼毒百姓。也因为他们无不贪财残忍，甚至竞相效仿，残害首都的老百姓。由于这些原因，上天便为老百姓寻求好的国王，于是便降下了光荣而美好的大命给成汤，成汤遂灭掉夏国。上天不把大福赐给他们，这是因为他们那些四方诸侯的大臣，不努力为百姓造福，却只知互相残暴地对待臣民，甚至于作恶多端，无所不为，不能够解除百姓的痛苦，因此他们之中有些虽然还是贤臣，也都和那些佞臣一样失去夏国的禄位。由于这样，所以成汤能够受到你们四方诸侯的拥戴，代替夏桀做臣民的国王。他谨慎地把人民从灾难中解救出来，是为了鼓励他们走向正道；他对那些犯罪的人使用刑罚，也是为了鼓励他们走上正道。从成汤到纣的父亲帝乙，无不努力阐明德教，谨慎地使用刑罚，也都是为了鼓励人民走上正道；仔细地考察犯人的狱辞，杀掉或严厉惩罚那些无恶不作的人，也是为了对臣民的劝勉和警戒；开脱释放那些无罪的人，也是为了鼓励臣民走上正道。现在，到了你们的国王，不能够带领你们四方诸侯永享上天赐予的大命，实在可叹啊！"

▶原文

　　王若曰："诰告尔多方，非天庸释有夏，非天庸释有殷。乃惟尔辟以尔多方大淫图天之命，屑有辞。乃惟有夏图厥政，不集于享；天降时丧，有邦间之。乃惟尔商后王逸厥逸，图厥政，不蠲烝，天惟降时丧。"

▶译文

　　成王这样说："告诉你们四方诸侯，并不是上天要舍弃夏国，也不是上天要舍弃殷国。而是因为你们的国王和你们四方诸侯，行为过度放肆，又违背了上天的命令，还振振有词地为自己的罪行辩护，所以上天才舍弃你们。由于夏国政治黑暗又不很好地祭祀上天，所以上天才降下这样的大祸，并让殷国代替夏国。也因为你们商纣王纵情无度，政治十分黑暗闭塞，祭祀的供品很不清洁，所以上天才降下这样的大灾给你们。"

▶原文

　　"惟圣罔念作狂，惟狂克念作圣。天惟五年须暇之子孙，诞作民主，罔可念听。天惟求尔多方，大动以威，开厥顾天。惟尔多方罔堪顾之。"

▶译文

　　"即使本来是贤明的人，但如果不把上天的意旨常常放在心上，也可能变成狂妄而不通事理的人；即使本来是愚昧无知的人，但如果能把上天的意旨常常放在心上，就有可能变成圣明的人。上天为了使殷纣悔悟，等待了五年的时间，让他在这五年中继续做国王，但他仍然不思悔改。上天也以这样的想法来要求你们四方诸侯，并且大大地显示出它的威严，来开导你们考虑上天的命令。但是，你们四方诸侯不能考虑和完成上天的命令。"

▶原文

　　"惟我周王灵承于旅，克堪用德，惟典神天。天惟式教我用休，简

参天尽物

界殷命，尹尔多方。"

▶译文

"只有我们周国的国王，很好地秉承着上帝的旨意，能够广布德教，以德教主持上天所赐予的大命。因此，上天经过选择，把原来给殷的那美好的大命转过来赐给我们，让我们根据上天的命令来治理你们四方诸侯。"

▶原文

"今我曷敢多诰，我惟大降尔四国民命。尔曷不忱裕之于尔多方？尔曷不夹介，乂我周王享天之命？今尔尚宅尔宅，畋尔田，尔曷不惠王熙天之命？"

▶译文

"现在我怎敢对你们说出这许多告诫的话，我只是想用这些话来开导和教育你们四国臣民。你们四方诸侯为何不听从我的劝导？你们为何不顺从我们，帮助我周国治理天下，共享天命？现在你们仍旧居住在你们原来的地方，耕种着你们原来的土地，你们为何不顺从我们的国王。发扬光大上天的命令呢？"

▶原文

"尔乃迪屡不静，尔心未爱。尔乃不大宅天命，尔乃屑播天命，尔乃自不典，图忱于正。我惟时其教告之，我惟时其战要囚之，至于再，至于三。"

▶译文

"你们不听从教导，屡次发动暴乱，你们的心那么不顺从，你们不去考虑上天的命令，你们完全把上天的命令丢在一边。这是你们自己不遵守法度，反而投机取巧，妄图取信于我们的执政者。因此我必须好好地教导你们，我要用武力来镇压你们，详细考察你们的供词。你们一而再，再而三地发动叛乱，我也就一而再，再而三地讨伐你们。"